Bibliothek
des Freizeitmalers

Gerlinde Grund

Kleine Aquarelle

Herta Wittenbecher
von Ruth Nov. 95

Otto Maier Ravensburg

Titel in der Bibliothek des Freizeitmalers:

Blake, Grundkurs Aquarellmalerei
Blake, Landschaften in Aquarell
Blake, Grundkurs Ölmalerei
Blake, Grundkurs Zeichnen
Blake, Landschaften zeichnen
Blake, Aktzeichnen mit Bleistift, Kreide und Kohle
Blake, Porträtzeichnen mit Bleistift, Kreide und Kohle
Baessler, Grundkurs Federzeichnen
Düchting, Abenteuer Farbe
Gröger, Stimmungen in Aquarell
Gröger, Oberflächen und Strukturen in Aquarell
Groß, Südliche Landschaften in Aquarell
Grund, Kleine Aquarelle
Kaiser, Blumen aquarellieren
Körner, Bäume und Sträucher in Aquarell und Tempera
Rotgans, Räumliches Zeichnen
Rubins, Anatomie für Künstler
Salzmann, Grundkurs Pastellmalerei

Originalausgabe

Fotos S. 7, 8, 9, 10, 11, 26/27, 32/33, 34: Ernst Fesseler
Umschlaggestaltung: Ekkehard Drechsel BDG
Gesamtherstellung: Himmer, Augsburg
Printed in Germany

97 96 95 94 6 5 4 3

ISBN 3-473-48246-3

Inhalt

Die Aquarellmalerei, die wohl stillste und bescheidenste Technik der Malerei, zählt heute zu einer der beliebtesten Kunstrichtungen. Das war nicht immer so: Von der Kunstgeschichte oft übersehen oder als minderwertig eingestuft, wurde sie lange Zeit nicht als eigenständige Maltechnik anerkannt. Als wirkliche Kunst galt einzig das Ölbild. Die Aquarellstudie wurde häufig nur als vorläufige Farbskizze zu einem geplanten Ölbild angefertigt. Heute erstaunt es den Betrachter, welche Fülle hervorragender Aquarelle auf diese Weise entstanden ist. Oft wirken diese Studien sogar lebendiger als das ausgefeilte Ölgemälde und verraten mehr über die künstlerische Begabung des einzelnen Malers.
Die Technik des Aquarellierens hat eine lange Tradition. Sie war schon in der Antike bekannt. Einer der ersten aber, der die Kunst des Aquarells in höchster Form beherrschte, war Dürer (1471–1528). Den eigentlichen Durchbruch brachte jedoch erst die Landschaftsmalerei zu Beginn des 19. Jahrhunderts. Berühmte Maler wie William Turner (1775–1851) oder Thomas Gritin (1775–1802), um nur zwei von vielen zu nennen, entfalteten in ihren Bildern den ganzen Reichtum des Aquarells. Im 20. Jahrhundert verhalfen Künstler wie Paul Cézanne, Emile Nolde, Paul Klee und August Macke dem Aquarellbild zur weiteren künstlerischen Entwicklung. Seitdem hat das Aquarellieren immer wieder viele Künstler interessiert. Auch unter den Hobbymalern erfreut es sich größter Beliebtheit. Der Grund dafür ist wohl in dem einmaligen Charakter des Aquarells zu suchen: Die leichten, durchschimmernden Farben, die Weichheit in der Bildwirkung und die Zufälligkeiten im Malprozeß, die es nur dem Aquarell erlauben, eine momentane Stimmung, einen unverwechselbaren Augenblick spontan einzufangen.

Thema des vorliegenden Buches ist das kleine Aquarell. Ich möchte Ihnen darin zeigen, wie vielfältig im kleinen Format gearbeitet werden kann. Für alle, die gerade erst mit dem Aquarellieren beginnen wollen, stelle ich zu Beginn des Buches die Materialien vor, die Sie für die Aquarellmalerei benötigen. Sie lernen so z. B. die Aquarellfarben, die Papiersorten und Pinsel kennen und finden hilfreiche Tips, was sie sich für den Anfang anschaffen sollten. Danach gehe ich ausführlich auf die unterschiedlichen Malweisen, Farbgebungen und Techniken des Aquarells ein, so daß Sie leicht und sicher zu Ihrem ersten Bild geführt werden.
Im weiteren Verlauf des Buches finden Sie zum einen viele Ideen, die Ihnen zeigen, daß aus einem Aquarell nicht immer nur ein gerahmtes Bild werden muß.
Ein Aquarell kann ihr Tagebuch bereichern, kann ein originelles Geschenk sein und vieles mehr. Zudem habe ich für Sie die beliebtesten Aquarellthemen ausgewählt und zusammengestellt. In der Fülle von Motiven wird auch der weiter Fortgeschrittene noch viele Anregungen finden können. Zu jedem Thema stelle ich Ihnen mehrere Aquarelle vor. Zum leichteren Lernen sind dabei Bild und Text stets kombiniert. Im Text erläutere ich Farbgebung, Komposition und Malweise des jeweiligen Bildes oder weise Sie auf Besonderheiten des Aquarells hin. In den einzelnen Abbildungen können Sie dann die Erklärungen nachvollziehen und finden sich so in die Kunst des Aquarellierens ein. Viel Spaß!

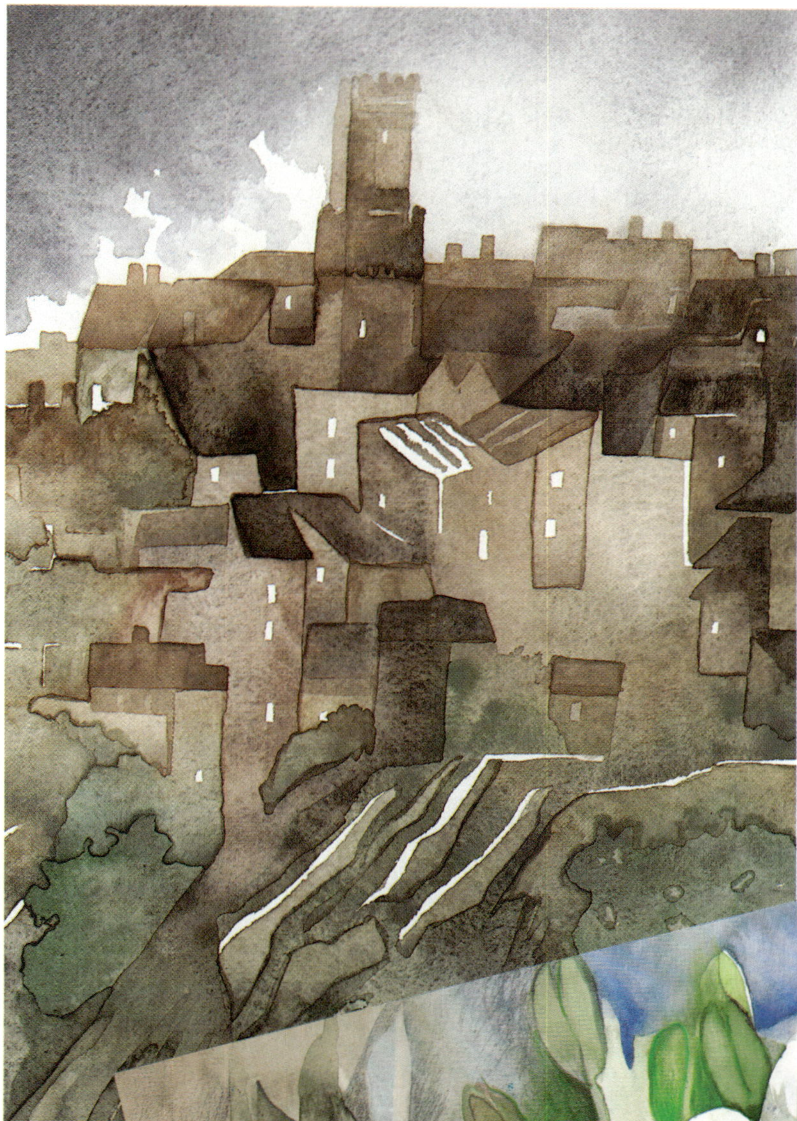

Zur Einstimmung habe ich hier zwei Themenbeispiele herausgegriffen, die ich im folgenden Buch – neben vielen anderen Motiven – noch ausführlich besprechen werde. Im ersten Aquarell sehen Sie eine kleine Stadt in der Toscana, mit den für Italien so typischen Häuserformen. In klaren Linien ragt ein Turm in den weich gemalten Himmel und belebt so die Komposition des Bildes. Sanfte Brauntöne für die Farbgebung der Häuser und ein Blau-Grau für den Himmel fangen die Stimmung eines regnerischen Nachmittags ein.

Das zweite Beispiel zeigt, wie lebendig Blüten aquarelliert werden können. Hell leuchtet das Weiß der Amaryllis aus dem dunklen Hintergrund hervor und die geschwungenen Formen der Blüten zeigen eine Bewegung, die sich in Blättern und Knospen fortsetzt.

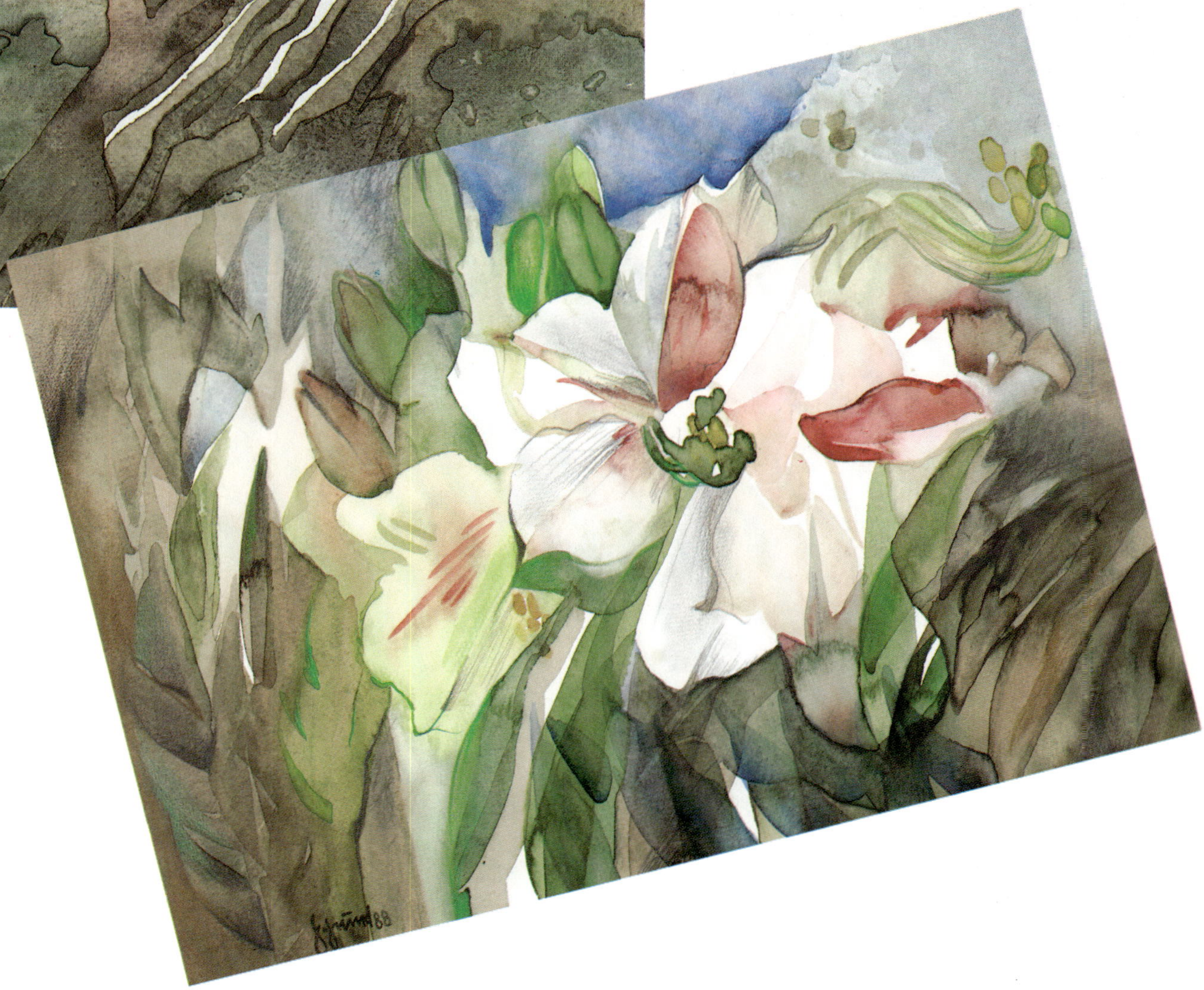

Gegenüber anderen Farben zeichnen sich Aquarellfarben durch drei besondere Eigenschaften aus: Zum einen besitzen sie eine sehr gute **Lasurfähigkeit**, zum anderen sind sie von hoher **Transparenz**, ohne an **Farbintensität** und Leuchtkraft zu verlieren. Gerade in den letzten beiden Eigenschaften – Transparenz bei höchster Farbbrillanz – liegt auch der eigentliche Reiz des Aquarells verborgen. Sie bewirken seine charakteristische Leichtigkeit und machen es besonders geeignet, Stimmung und Atmosphäre eines Motivs einzufangen. Später werden Sie sehen, wie Sie diese besondere Beschaffenheit der Aquarellfarben im Farbauftrag umsetzen und nutzen können.

Die Transparenz einer Farbe hängt von der Dichte der enthaltenen Farbpigmente ab. **Farbpigmente** sind organische und anorganische unlösliche Partikel; sie bilden das Farbpulver. Durch Bindemittel, wie z. B. Gummiarabikum, das aus Akazien gewonnen wird, werden die einzelnen Partikel zu malbarer Farbe. Die meisten Farbpigmente werden heute künstlich hergestellt, obwohl sie noch ihre alten Bezeichnungen aus früherer Zeit tragen. Namen wie Sepia, Siena, Umbra, Vandyckbraun, Indigo, Grüne Erde, um nur einige zu nennen, zeugen von ihrer Herkunft.

Farbmischung. Um sich für Farben zu sensibilisieren, sollten Sie vor dem Malen einige Farbmischungen ausprobieren. Beginnen Sie mit zwei Farben, betrachten Sie die Wirkung, geben Sie eine dritte Farbe hinzu – aber Vorsicht: Je mehr Farben Sie mischen, um so trüber wird die Farbwirkung. Wenn Sie z. B. alle Farben Ihres Aquarellkastens zusammenmischen, werden Sie nur einen stumpfen Grauton erhalten.

Kann also ein Zuviel an Farben schädlich sein, so gibt es dagegen auch einige Farben, die, ungemischt aufgetragen, schnell zu grell wirken. Die im Handel erhältlichen Grüntöne, wie z. B. Chromoxidgrün, feurig, können beim Naturstudium kaum ohne Mischung mit Ocker, Englischrot oder verschiedenen Brauntönen verwendet werden.

Benutzen Sie bei Ihren Mischversuchen zunächst einmal nur die drei Grundfarben Rot (Karminrot oder Krapplack), Blau (Cölinblau) und Gelb (Kadmiumgelb, mittel). Sie werden sehen, daß Sie schon damit Ihren eigenen Farbkreis gestalten können.

Besonders wichtig für die Farbwirkung im Bild sind die **Komplementärfarben** Rot – Grün, Blau – Orange und Violett – Gelb, die sich im Farbkreis gegenüberliegen. Auf diese Farbenpaare werde ich später noch genauer eingehen.

Die **„Farbe“ Weiß** wird beim klassischen Aquarell nicht verwendet. Was später im Bild weiß sein soll, muß beim Malen in seiner Form ausgespart werden.

Zarte Pastelltöne erreichen Sie, indem Sie wenig Farbe mit viel Wasser verdünnen.

Aquarellfarben werden in Tuben und Näpfchen angeboten. Achten Sie beim Kauf darauf, daß Farben in Näpfchen sich leicht mit Wasser auflösen lassen und auch nach längerer Malpause nicht verhärten. Farben in Tuben sind feucht eingegossen und daher bequem sofort verwendbar.

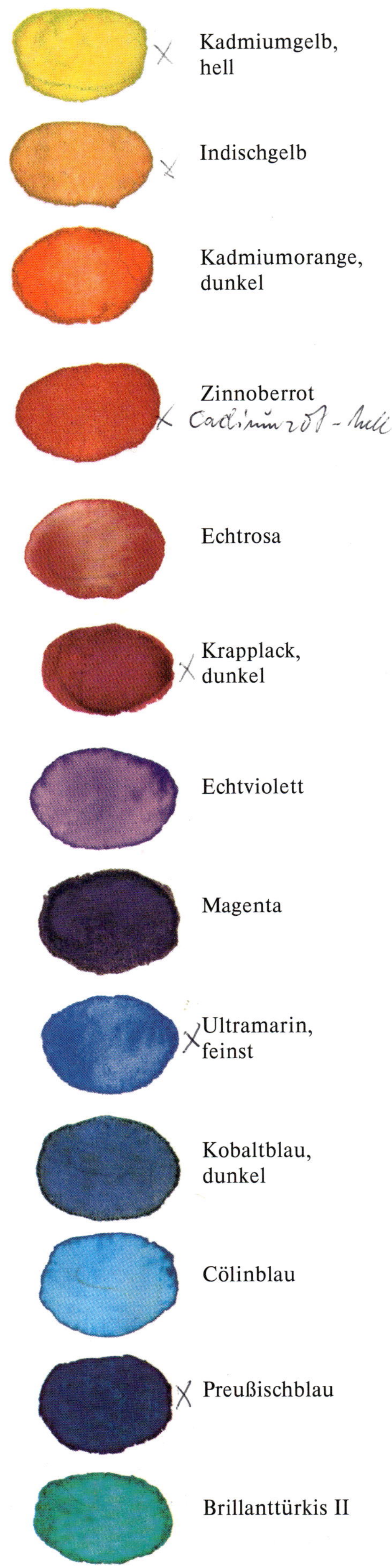

Chromoxidgrün, feurig

Hookersgrün 2

Olivengrün

Saftgrün 2

Siena natur (gebrannt-hell Erdton)

Dunkelocker

Englischrot, dunkel (hell)

Sepiabraun

Caput mortuum

Umbra, gebrannt

Paynesgrau

Elfenbeinschwarz

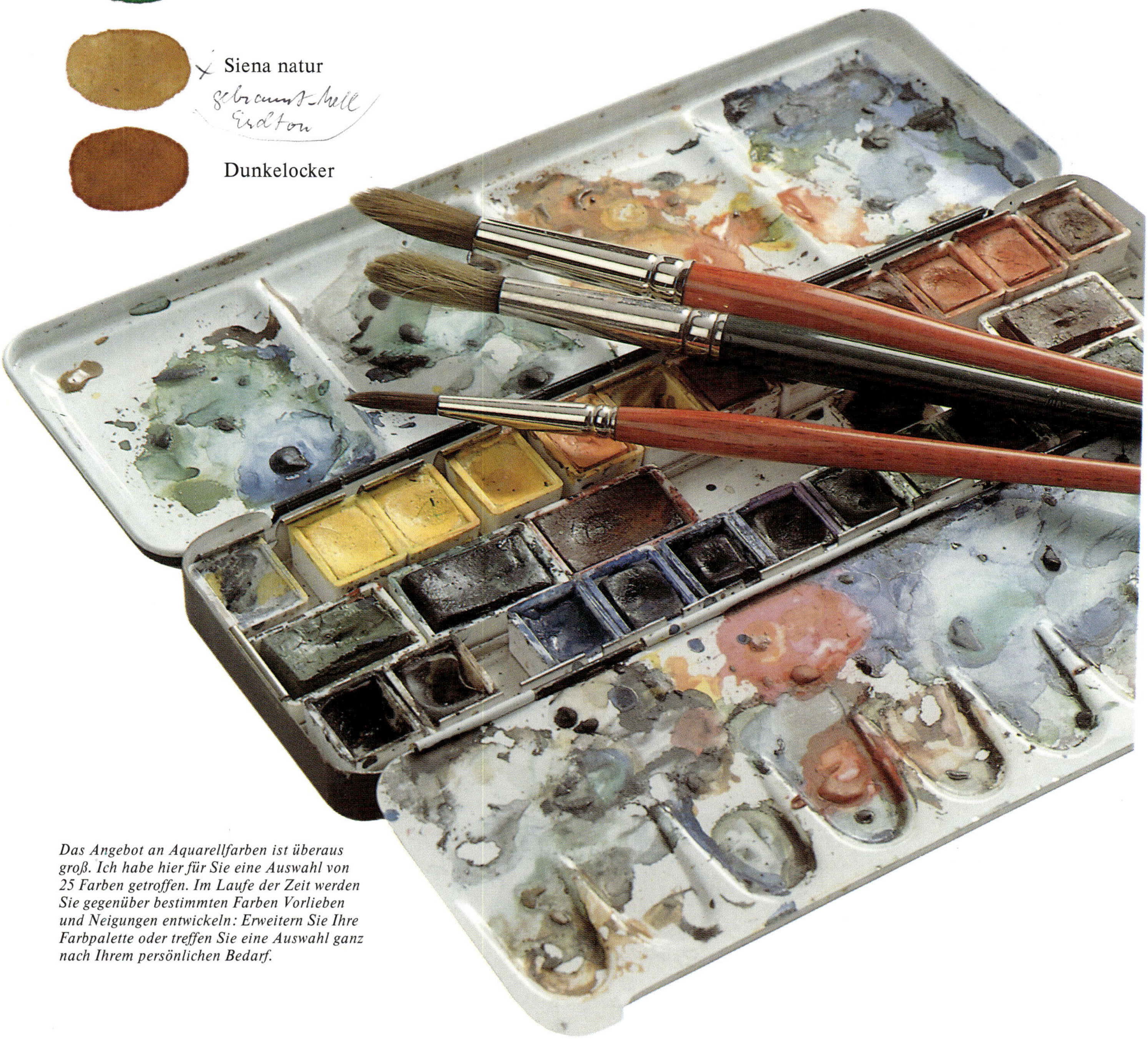

Das Angebot an Aquarellfarben ist überaus groß. Ich habe hier für Sie eine Auswahl von 25 Farben getroffen. Im Laufe der Zeit werden Sie gegenüber bestimmten Farben Vorlieben und Neigungen entwickeln: Erweitern Sie Ihre Farbpalette oder treffen Sie eine Auswahl ganz nach Ihrem persönlichen Bedarf.

Die Pinselgrößen. Für das kleinformatige Aquarell empfehle ich Ihnen Rundpinsel in den Größen 2, 4, 6, 8 und 10 (siehe Abbildung). Flachpinsel, Katzenzunge und Fächerpinsel sind ungeeignet.
Die Eigenschaften. Ein guter Aquarellpinsel sollte immer eine fein zulaufende Spitze haben. Auch bei dicken Pinseln ist dies wichtig, denn so kann man zum einen mit der Breitseite flächig malen und zum anderen mit der Spitze feine Linien ziehen. Dünne Pinsel sind dagegen ausschließlich für eine feingliedrige Malweise geeignet.

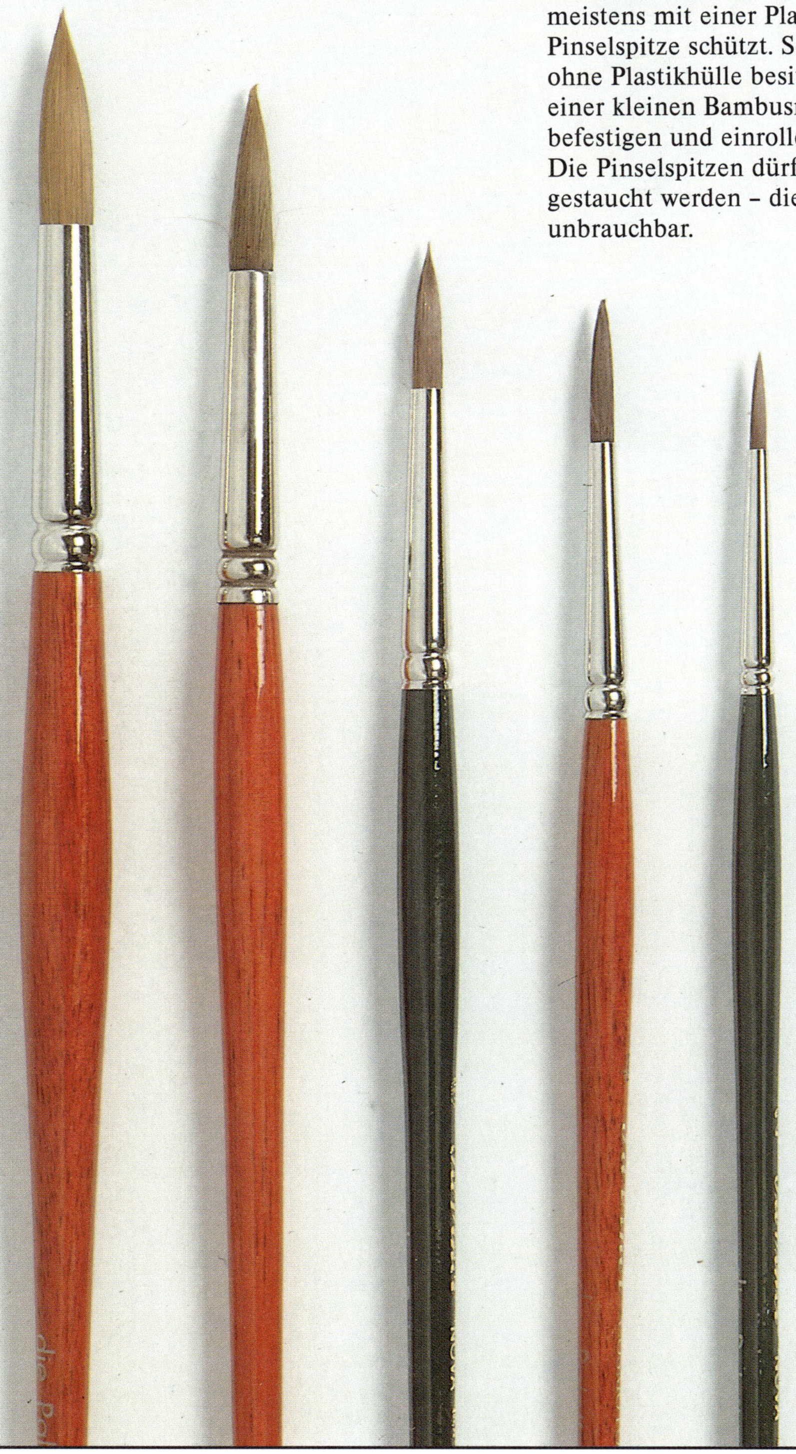

Die Qualitäten. Als bester, aber auch teuerster Aquarellpinsel gilt der Rotmarderhaarpinsel. Empfehlenswert ist jedoch auch der Softsynthetikhaarpinsel. Er ist zwar etwas härter, da er aus Kunsthaar besteht, aber ansonsten genauso gut wie der Rotmarderhaarpinsel und wesentlich preiswerter. Angeboten werden auch Fehhaar-Verwaschpinsel. Da sie sehr weich sind, eignen sie sich ausschließlich für die Naß-in-Naß-Technik. Abraten muß ich Ihnen von Rindshaarpinseln, da sie schon nach kurzer Zeit die Haare verlieren.
Die Aufbewahrung der Pinsel. Die Pinsel werden meistens mit einer Plastikhülle verkauft, die die Pinselspitze schützt. Sollten Sie jedoch Pinsel ohne Plastikhülle besitzen, können Sie diese in einer kleinen Bambusmatte mit Hutgummiband befestigen und einrollen. Achten Sie aber darauf: Die Pinselspitzen dürfen weder gedrückt noch gestaucht werden – die Pinsel werden sonst unbrauchbar.

Die Qualität. Wählen Sie für ein kleines Aquarell kein stark strukturiertes Papier, sondern eher fein- oder mittelkörniges. Grobe Strukturen können die Gestaltung eines Bildes schnell dominieren, und Feinheiten, die ja gerade bei unserem Thema „kleine Aquarelle" wichtig sind, drohen unterzugehen.

Die Eigenschaften. Aquarellpapier muß viel Wasser vertragen und darf die Farbe nicht aufsaugen. Dies unterscheidet es von anderen Papiersorten wie z. B. Japanbüttenpapier. Weiterhin sollte das Papier seine Grundfärbung auch nach Jahren nicht verändern. Auf gutem Aquarellpapier wird der Farbauftrag brillant und transparent erscheinen.

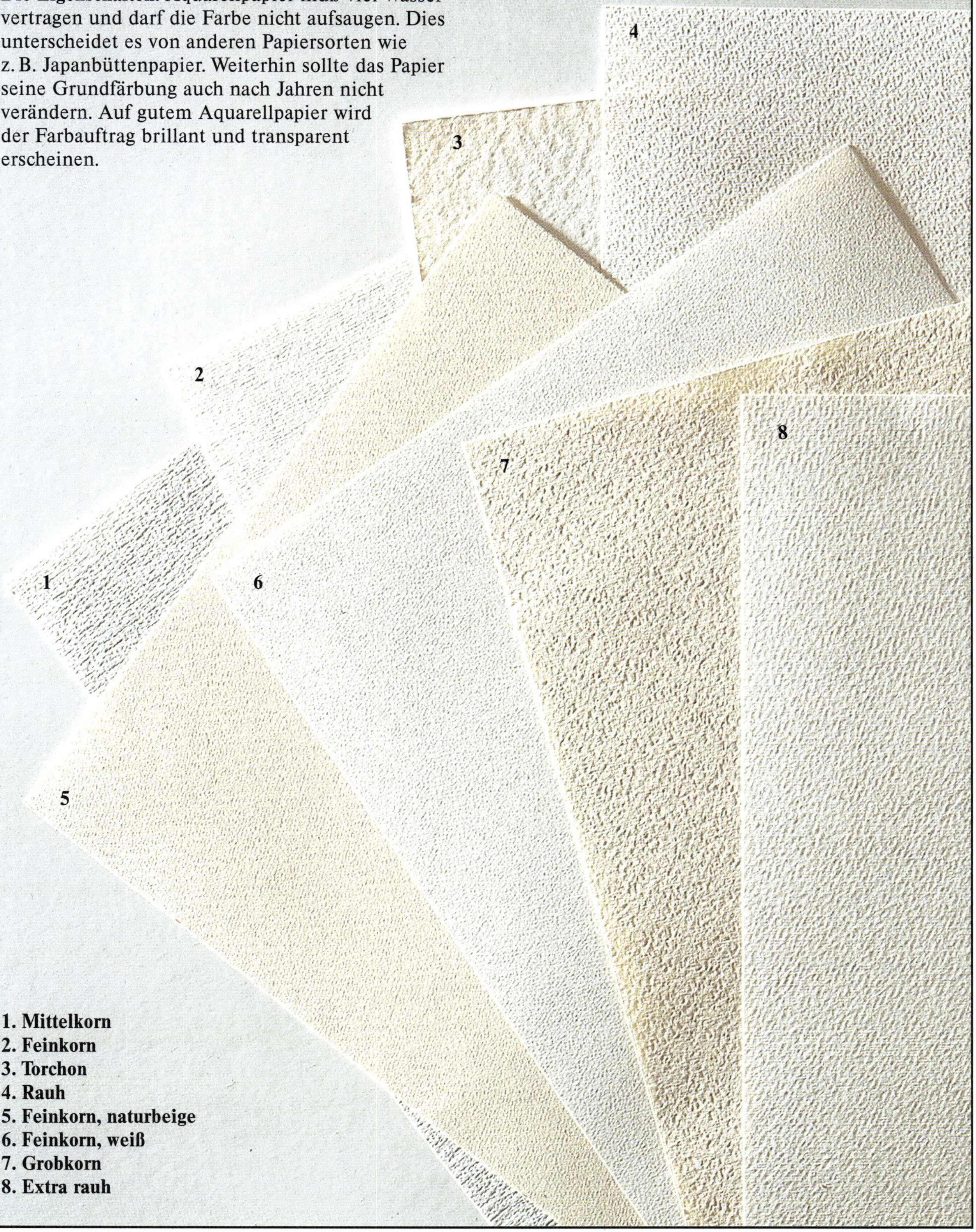

1. Mittelkorn
2. Feinkorn
3. Torchon
4. Rauh
5. Feinkorn, naturbeige
6. Feinkorn, weiß
7. Grobkorn
8. Extra rauh

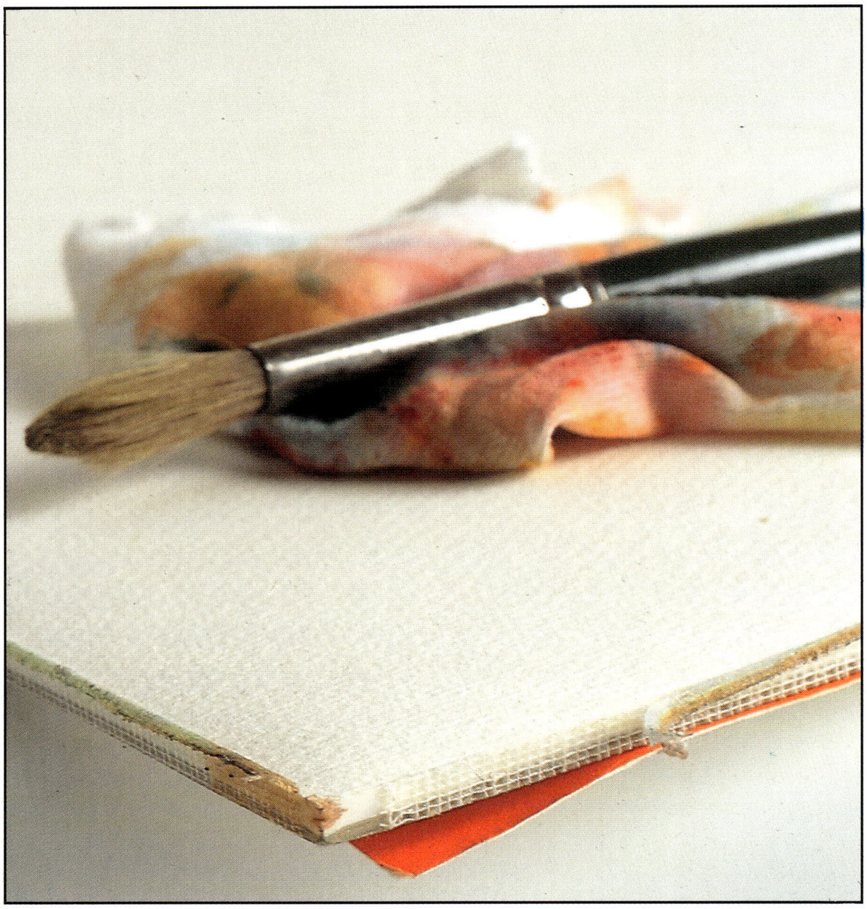

Die Aquarellblöcke sind in der Regel an den Seiten verleimt, wie auf dem nebenstehenden Photo deutlich wird. Nach dem Trocknen wird dadurch das Papier wieder glatt, auch wenn es beim Malen mit viel Wasser gewellt war.

Aquarellblöcke eignen sich für unseren Zweck besonders gut. Sie besitzen das richtige Format, sie sind leicht und praktisch zu handhaben und ebensoleicht zu transportieren, wenn Sie einmal auf Motivsuche gehen. Blöcke gibt es in verschiedenen Größen, Papierqualitäten, Färbungen und mit unterschiedlicher Blattzahl.

Entscheiden Sie sich für lose Aquarellpapiere, so müssen Sie diese vor dem Malen auf eine Hartfaserplatte (ca. 3–4 mm stark) aufziehen. Verwenden Sie dazu bitte keinen Tesafilm oder Plastikklebeband, sondern braunen gummierten Papierstreifen, da er sich gut mit Wasser verträgt. Wenn das Aquarellpapier nicht völlig glatt gelagert wurde, sollte man es mit einem Schwämmchen befeuchten und naß auf die Hartfaserplatte aufziehen. Beim Trocknen wird sich das Papier glätten.

Die Größe der Hartfaserplatte richtet sich im allgemeinen nach der Bildgröße. Sie können jedoch auch mehrere Aquarelle nebeneinander auf ein Papier malen und sie am Schluß mit dem Passepartoutmesser voneinander trennen.
Das Passepartoutmesser ist auch sonst ein hilfreiches Instrument zum Ablösen Ihrer fertiggestellten, getrockneten Bilder.
Notwendig zum Aquarellieren sind außerdem ein Wassergefäß, ein Schwämmchen zum Vorfeuchten des Papiers bei der Naß-in-Naß-Technik und ein weicher Lappen oder auch einfach saugfähiges Toilettenpapier zum Abtupfen überschüssiger Farbe.
Stehen alle Materialien bereit? Dann versuchen Sie sich doch gleich einmal an den verschiedenen Maltechniken, die ich Ihnen auf den nächsten Seiten zeigen will. Sie werden sehen: Es ist gar nicht schwer.

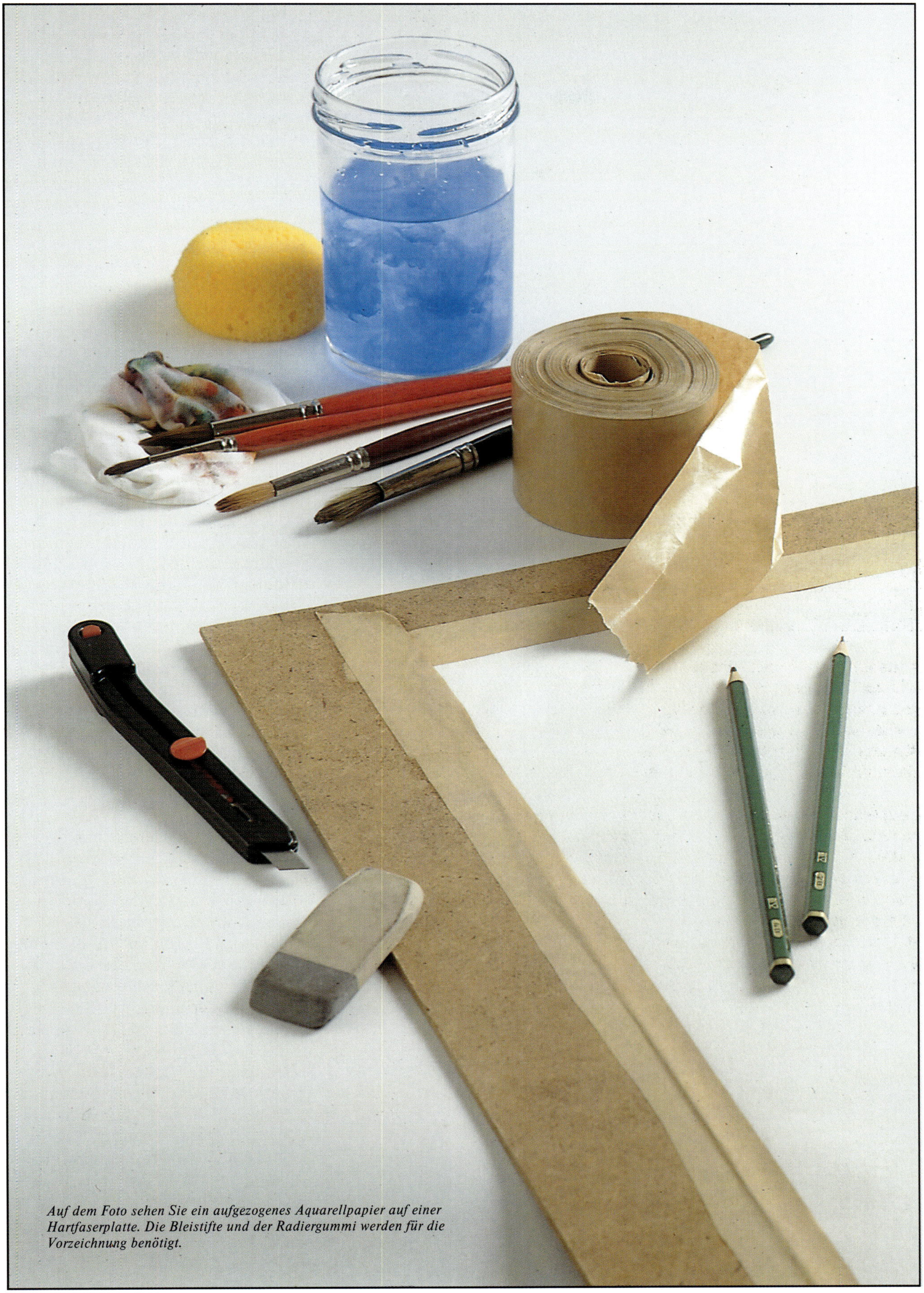

Auf dem Foto sehen Sie ein aufgezogenes Aquarellpapier auf einer Hartfaserplatte. Die Bleistifte und der Radiergummi werden für die Vorzeichnung benötigt.

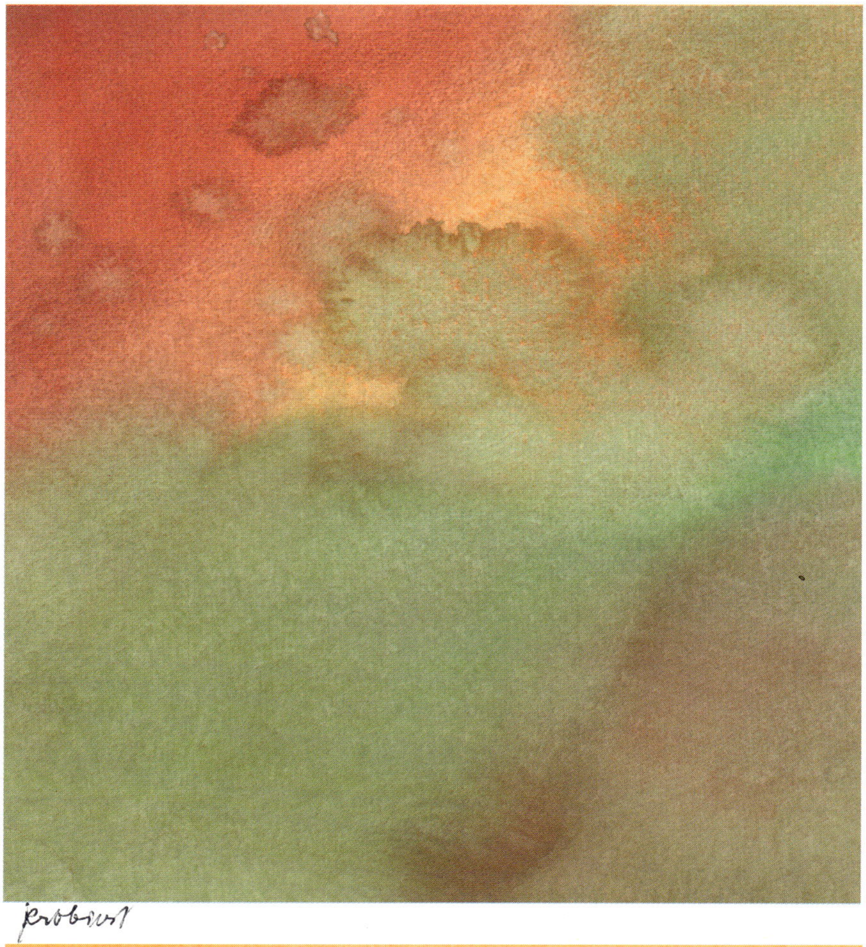

Das Naß-in-Naß-Malen
In dieser Technik verwendet man einen feuchten oder auch nassen Malgrund, wodurch ein weiches, wäßriges Ineinanderfließen der Farben erzielt wird. Dabei stehen Ihnen verschiedene Möglichkeiten zur Verfügung: Das Papier kann vollständig und gleichmäßig oder auch nur stellenweise angefeuchtet werden. Ebenso kann der Feuchtigkeitsgrad variiert werden. Verwenden Sie zum Anfeuchten ein Schwämmchen, oder legen Sie Ihr Papier einfach einmal kurz in die Badewanne. Versuchen Sie dann verschiedene Farbaufträge in allen Variationen, auf feuchtem, auf nassem oder auf nur teilweise angefeuchtetem Aquarellpapier, und beobachten Sie den unterschiedlich starken Farbverlauf in seinen Wirkungen. Stören Sie sich nicht an eventuell entstehenden Farbrändern oder Flecken, die Sie auch auf dem rechten Beispiel gut erkennen können. Man nennt dies das „Ausblühen" der Farbe, ein Effekt, der sich meist sehr schön in die Bildwirkung integriert und zu diesem Zweck auch bewußt von Ihnen herbeigeführt werden kann. Gerade in den Zufälligkeiten, dem Weichen und Fließenden, wodurch Farbmischungen ohne eigenes Zutun entstehen, liegt das Spannende und Reizvolle der Naß-in-Naß-Technik.

Das Lavieren
Der Begriff „Lavieren" leitet sich von dem französischen Wort „laver" ab und bedeutet soviel wie verwaschen. Man versteht darunter eine Aquarelltechnik, in welcher der Farbauftrag ohne Pinselspuren und fleckenlos angelegt wird. Verwenden Sie dazu die Breitseite Ihres Pinsels und fahren Sie zügig und gleichmäßig über das Papier. Das Lavieren erfolgt immer vom Dunklen zum Hellen. Beginnen Sie mit kräftiger, wenig verdünnter Farbe. Allmählich können Sie dann Wasser hinzufügen, um die Farbe aufzuhellen. Auch verschiedene Farbtöne können lavierend ineinander vermalt werden. Ein schönes Beispiel dazu sehen Sie rechts: Die Farbe wurde mit weichem Übergang von Rot zu Gelb aufgetragen.

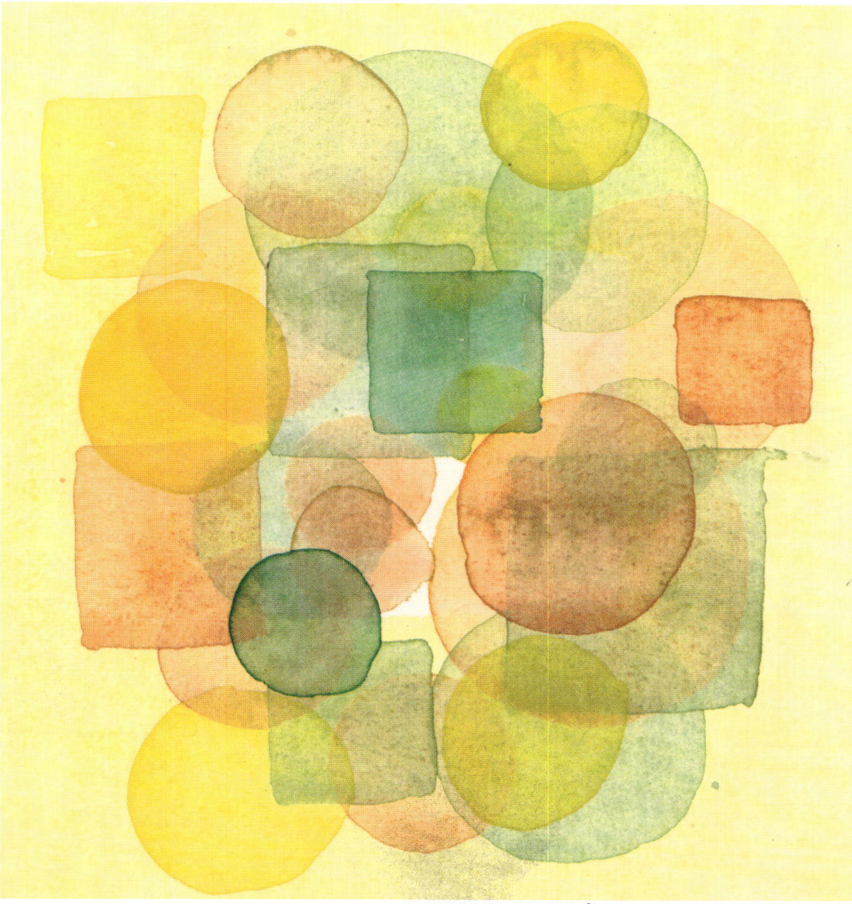

Das Lasieren

Lasieren bedeutet transparentes Malen mit verdünnten Farben auf trockenem Malgrund oder auf schon getrockneten Farbschichten. Das Gemalte wirkt grafisch und ist klar umgrenzt. Die Lasurtechnik ist daher aber auch weniger spontan und erfordert ein wenig Konzentration. Nehmen Sie sich Zeit, betrachten Sie Ihr Motiv und vergegenwärtigen Sie sich Form und Farbe dessen, was Sie darstellen wollen. Zufälle, die in der Naß-in-Naß-Technik oft ihren eigenen Reiz besitzen, können bei der Lasur unerwünscht sein. Kleine Korrekturen sind jedoch möglich: Erscheint Ihnen ein Farbton zu hell, kann mehr Farbe hinzugegeben werden; ist Ihnen der Farbauftrag zu intensiv, tupfen Sie mit einem weichen Lappen vorsichtig Farbe heraus.

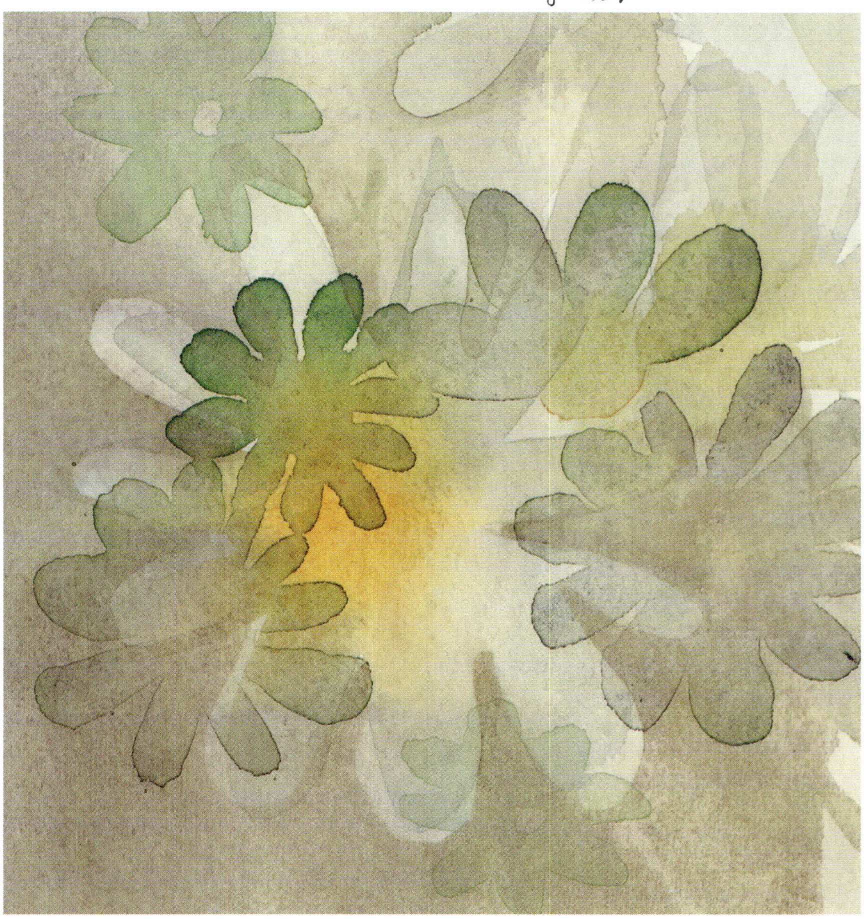

Der Schichtauftrag

Ein Schichtauftrag entsteht, wenn Sie mehrere Farblasuren übereinandersetzen. Wichtig ist dabei, daß die untere Malschicht vollkommen trocken ist. Hierzu brauchen Sie Geduld. Übermalen Sie einen Farbauftrag zu früh, kann es zu unschönen Farbmischungen kommen, und der erzielte Lasureffekt geht verloren.

Die beiden Abbildungen auf dieser Seite zeigen Ihnen Beispiele, in denen Farbflächen lasierend übereinandergesetzt sind. Die besondere Wirkung der Lasur liegt in der Transparenz der Farben, die die untere Malschicht durchscheinen läßt, und in den neuen Farbtönen, die an den Schnittflächen entstehen. Die Lasur ist also auch eine Möglichkeit, mit Farbnuancen zu spielen.

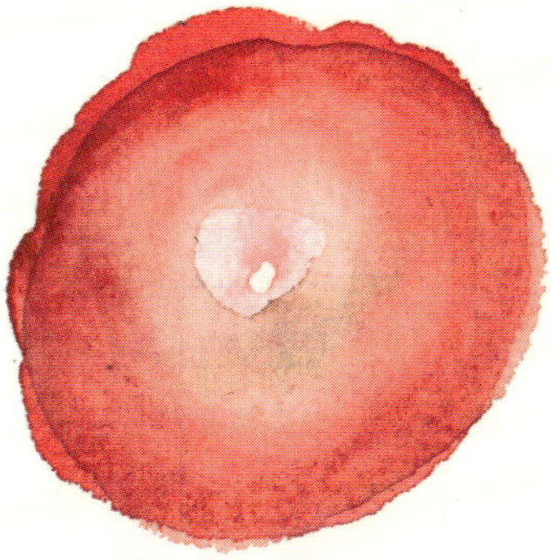

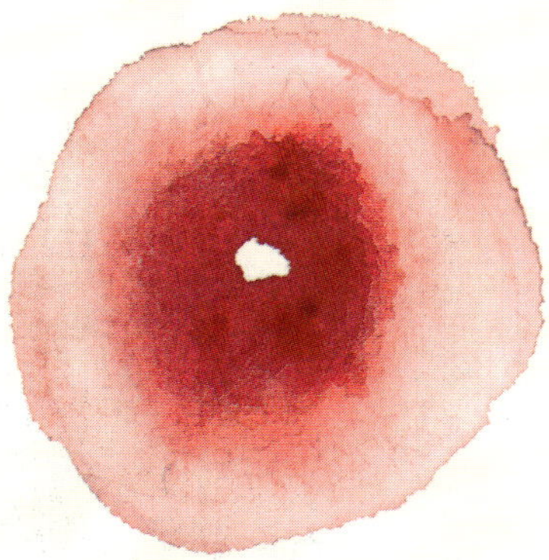

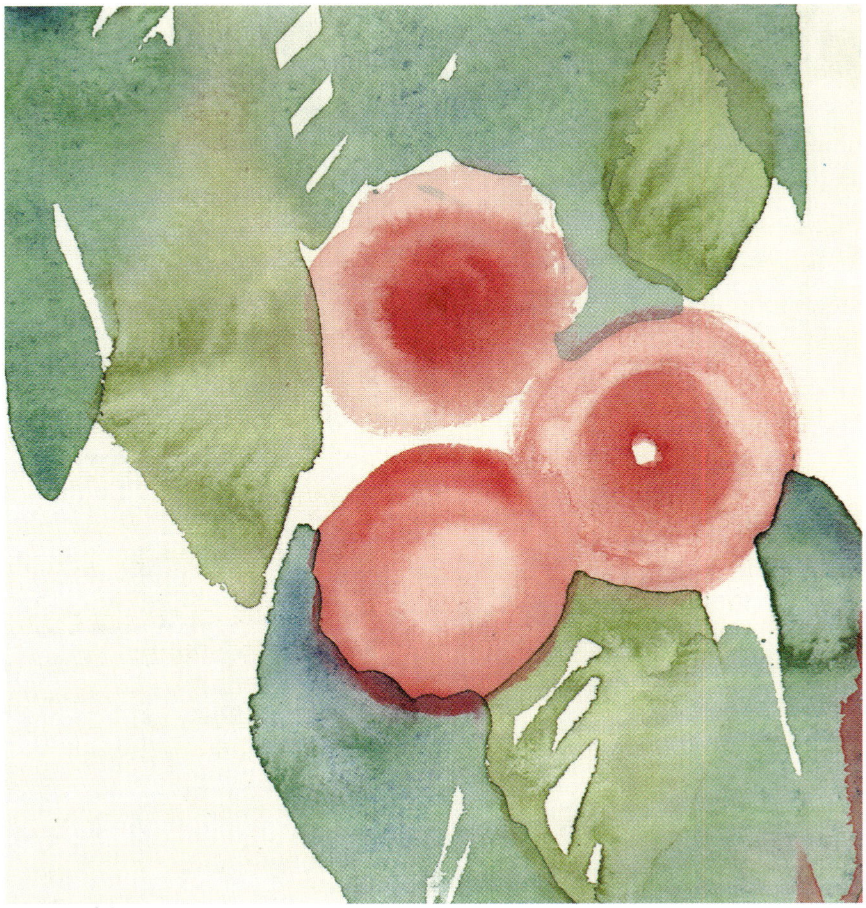

Der Farbverlauf

Einen Farbverlauf finden Sie in fast jedem Aquarell. Deshalb ist es von Vorteil, wenn Sie als Einstieg Ihrer Aquarellmalerei verschiedene Farbverläufe üben. Die beiden oberen Abbildungen zeigen Ihnen zwei Beispiele, wie man den Farbverlauf auch bei geometrischen Figuren anwenden kann. In den rosafarbenen Kreisen wurde das Rot einmal von außen nach innen und einmal von innen nach außen vermalt. Erinnern Sie sich an die Laviertechnik? Wichtig ist, daß bei Farbverläufen keine Pinselspuren sichtbar werden und die Farbübergänge fließend gemalt sind. Sollten die Farben einmal zu stark ineinanderfließen, können Sie sie mit der Pinselspitze vorsichtig in die von Ihnen gewünschte Form dirigieren.

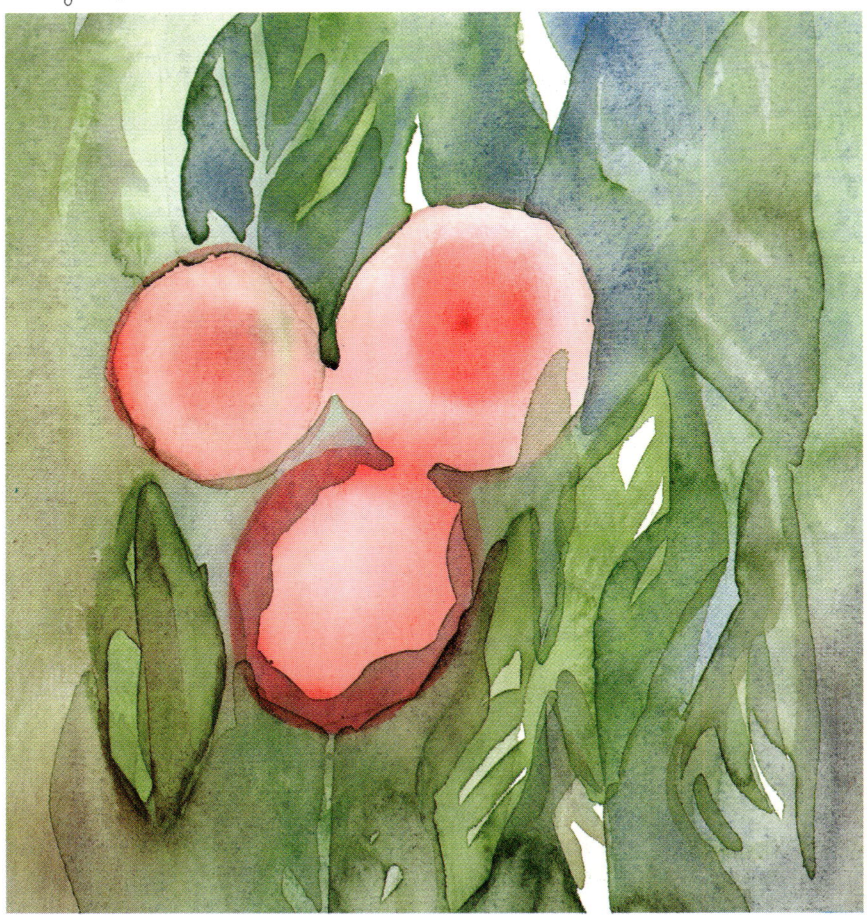

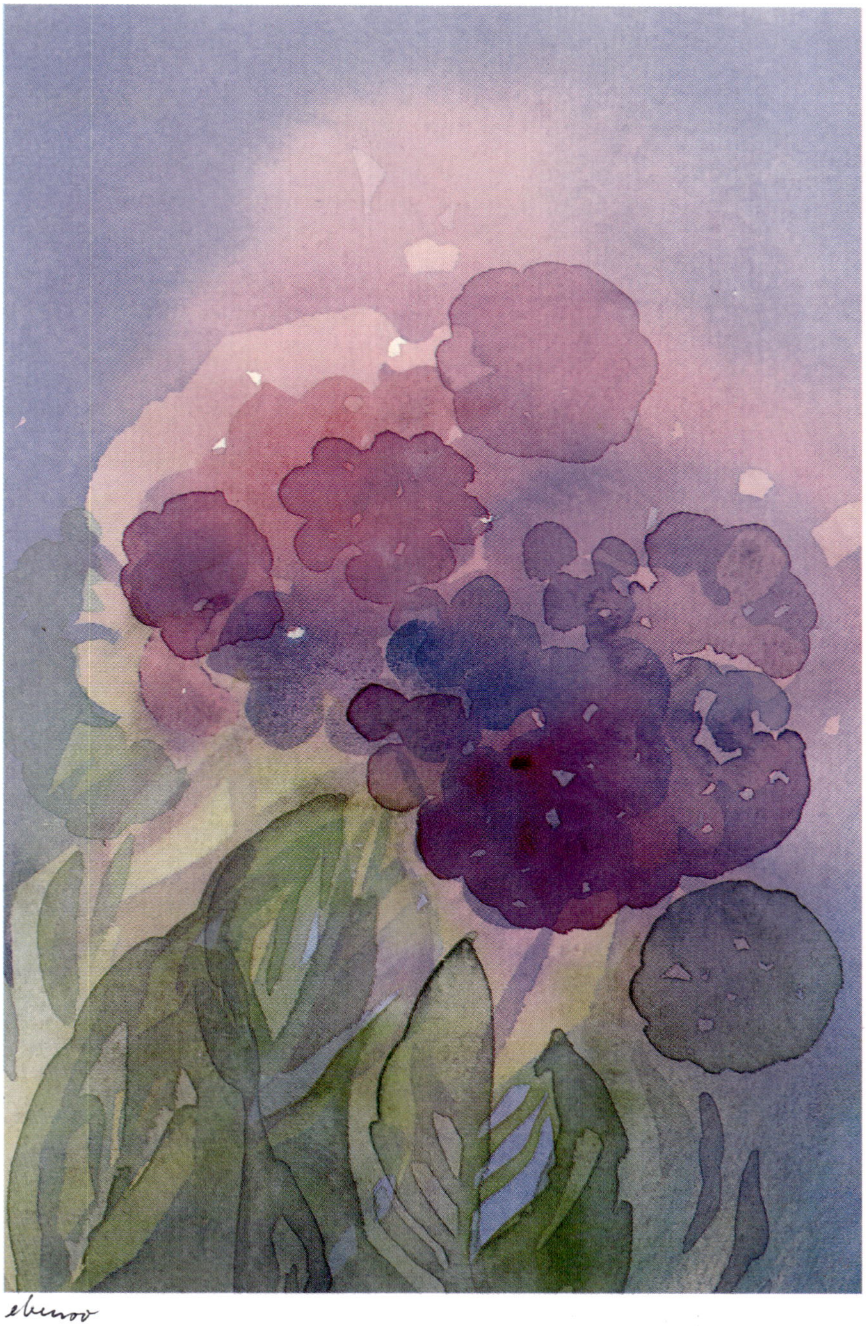

Die beiden oberen Abbildungen zeigen Ihnen Vorübungen, die ich meist vor jedem Bild als Hilfestellung anfertige. Hier schwebte mir eine Komposition in Violett vor, ich probierte verschiedene Farbverläufe aus. Solche Experimente möchte ich Ihnen empfehlen. Sie bekommen ein Gefühl für die Farben und können vorab die unterschiedliche Wirkung von dunklen Farbtönen oder Pastelltönen betrachen.

Mit den beiden Abbildungen links möchte ich Ihnen zeigen, was für ein hübsches Motiv schon aus zwei kleinen Kreisen entstehen kann. Im ersten Bild habe ich die Lasurtechnik angewandt und auf trockenem Papier einige Blätter um die Kreise komponiert. Schon sind aus den Kreisen Blüten geworden. Doch noch wirkt das Bild kahl, so daß ich im folgenden die Blätter im Schichtauftrag verdichtet und ihnen dadurch mehr Form verliehen habe. Einzelne weiße Aussparungen sollten jedoch in jedem Malprozeß rechtzeitig eingeplant werden.

Komposition mit Hortensie
Nun habe ich meine Übungen in einem Bild umgesetzt. Der Hintergrund wurde laviert, und auch die Blüten sind von Hell nach Dunkel vermalt. Die dunklen Blütenblätter wurden erst am Ende, nach dem Trocknen des Bildes, aufgesetzt. Die Stimmung des Bildes ist dunkel und schattig, jedoch nicht zu düster, da ich verschiedene Stellen durch wäßrig vermaltes Violett farbig aufgehellt habe.

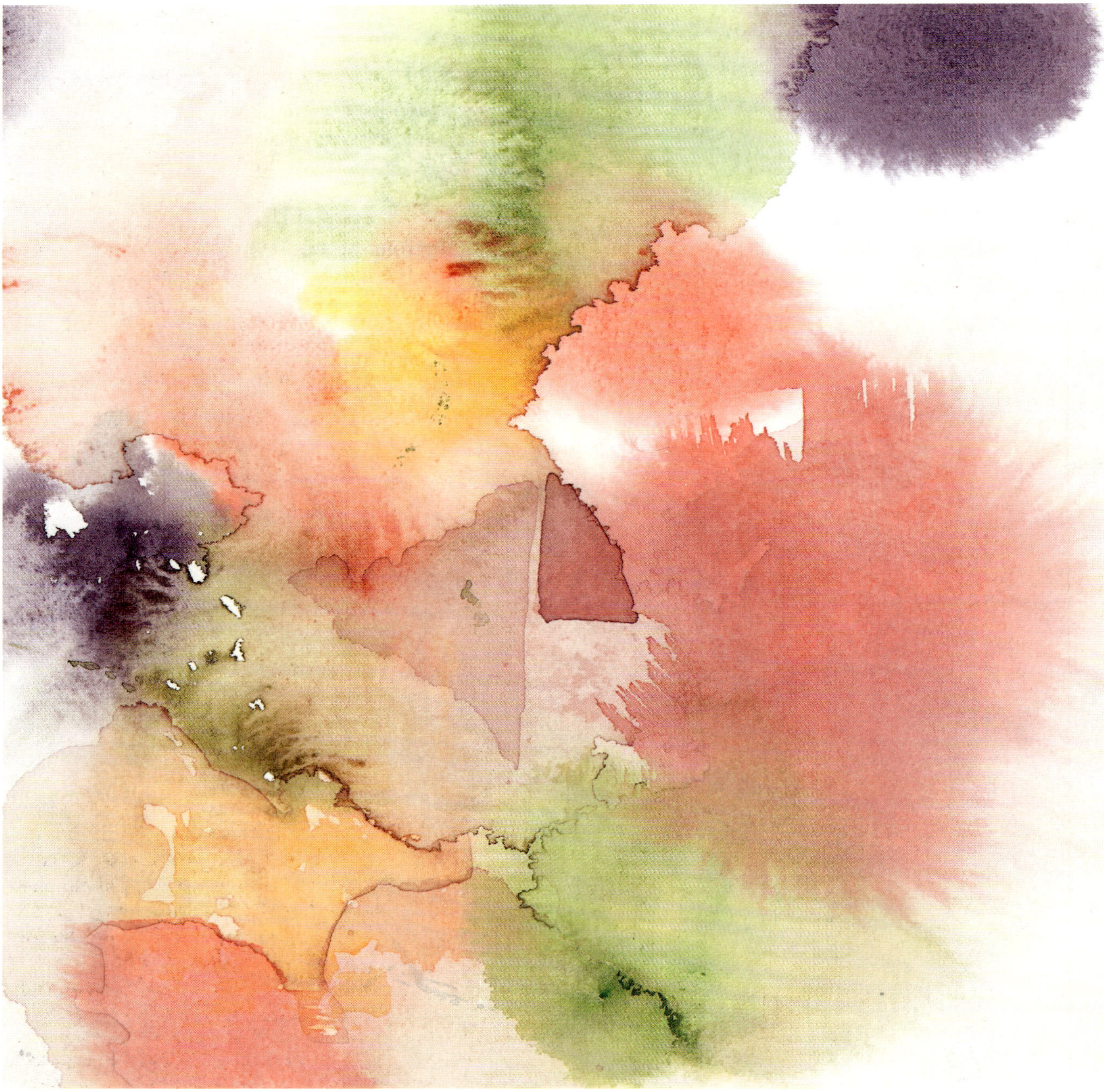

Auf den folgenden Seiten möchte ich Ihnen zeigen, wie man verschiedene Techniken in einem Bild wirkungsvoll kombinieren kann. In der Abbildung oben habe ich mit der Naß-in-Naß-Technik auf sehr feuchtem Papier mit dem Malen begonnen. Die Farben sind weich verlaufen und haben an manchen Stellen wolkenartige Farbränder gebildet, d. h. die Farben sind ausgeblüht. Im weiteren Malprozeß habe ich das langsame Trocknen des Papiers ausgenutzt und in meine Bildwirkung integriert. Die Farbflächen haben sich nun klarer abgegrenzt. In der Bildmitte sind zwei hellrote Dreiecke entstanden.
So haben sich hier zwei verschiedene Techniken harmonisch verbunden und das Aquarell belebt.

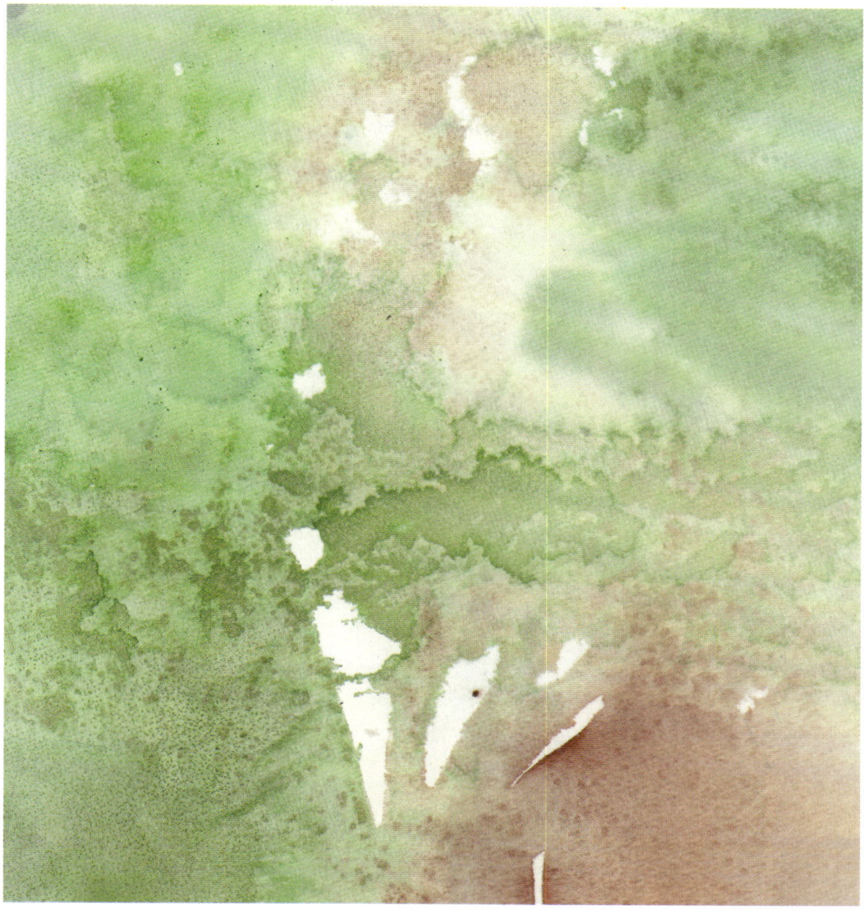

Komposition mit aufgetragenem Salz
Seien Sie offen und experimentierfreudig. Hier z. B. wurde durch ein wenig Salz ein ganz eigener Effekt erzielt. Im ersten Schritt ist das Aquarell in der Naß-in-Naß-Technik gemalt, das Weiß wurde an einigen Stellen ausgespart. Während das Bild noch feucht war, habe ich an verschiedenen Stellen Salz aufgetragen. Dies ergibt eine körnige Struktur, die die Bildfläche belebt. Anmerkung: Es empfiehlt sich, an einigen Stellen Weiß auszusparen, das Bild wirkt dadurch nicht „zugemalt". Denken Sie sich dieses Bild einmal ohne Weiß. Es wäre eine langweilige, grüne Fläche. So aber kann man einen Baum oder eine kleine Landschaft vermuten.

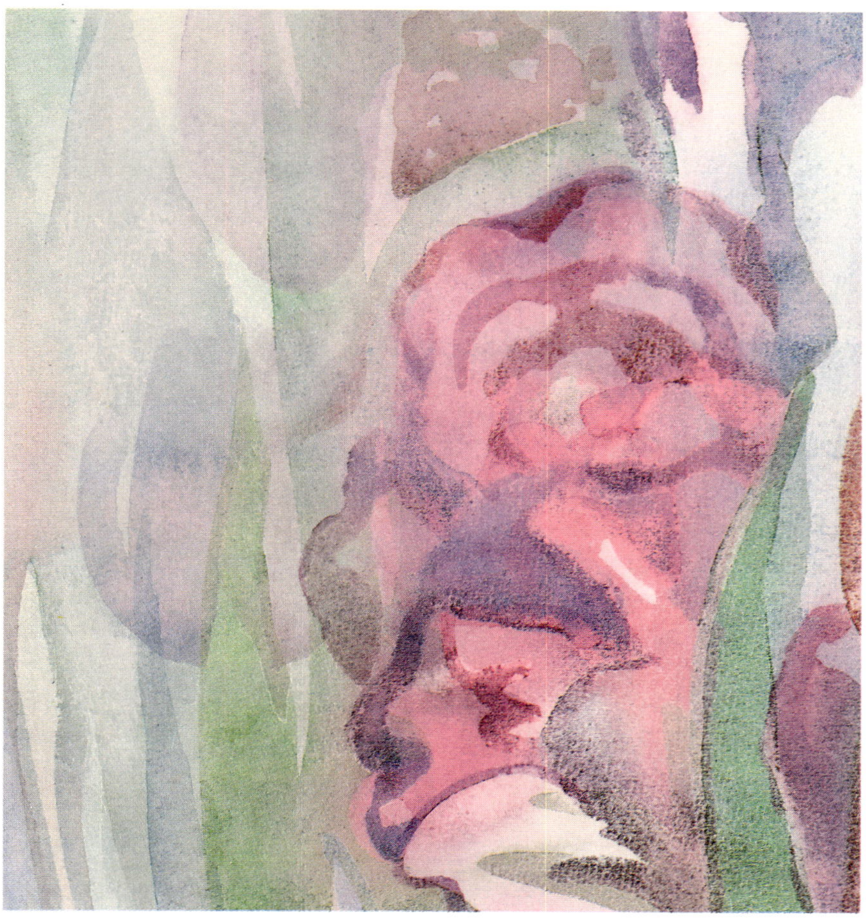

Komposition mit ausgewaschener Farbe
Auch mit dem Auswaschen kann man ganz neue Wirkungen erzielen. Sind die Blüten im linken oberen Bildteil in der uns schon bekannten Lasurtechnik gemalt, so habe ich für die Blüten der Bildmitte kräftige Farben ausgewählt und sie später, nachdem der Farbauftrag trocken war, an manchen Stellen mit einem feuchten Tuch wieder abgewaschen. Dadurch sind die schönen Strukturen der Rosenblätter entstanden.

Grüne Paprika auf rotem Tischtuch
Die drei folgenden Beispiele spielen mit Variationen der Komplementärfarben Grün und Rot. Im ersten Bild habe ich drei grüne Paprika auf einem roten Tischtuch angeordnet. Die mit Weiß ausgesparte Struktur im Tischtuch deutet sein eigentliches Muster an. Die Paprika erhalten ihre Plastizität durch den Einsatz von hellen und dunklen Grüntönen. Ausgespartes Weiß betont ihre typische Form. Im letzten Schritt ist mit grün-grauer Lasur der Schatten des Motivs angedeutet.

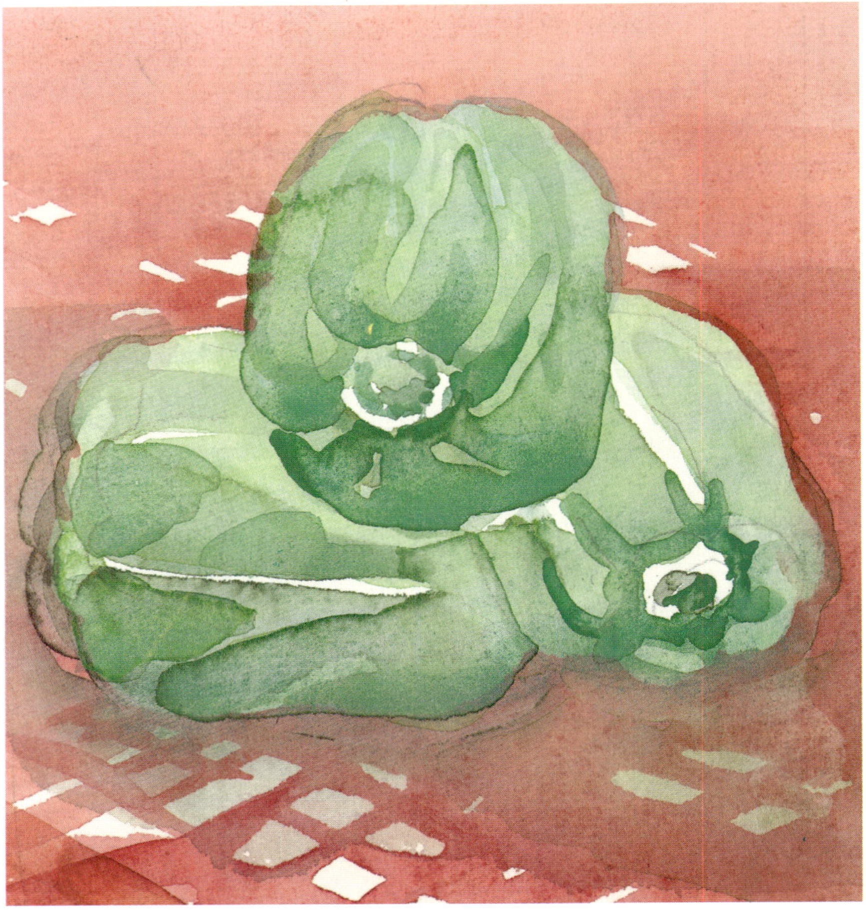

Studie mit roten Rosen
Hier steht das Rot leuchtend in der Mitte des Bildes, harmonisch umgeben von seiner Komplementärfarbe Grün. Es wird deutlich, wie sich die beiden Farben gegenseitig zu höchster Leuchtkraft steigern.

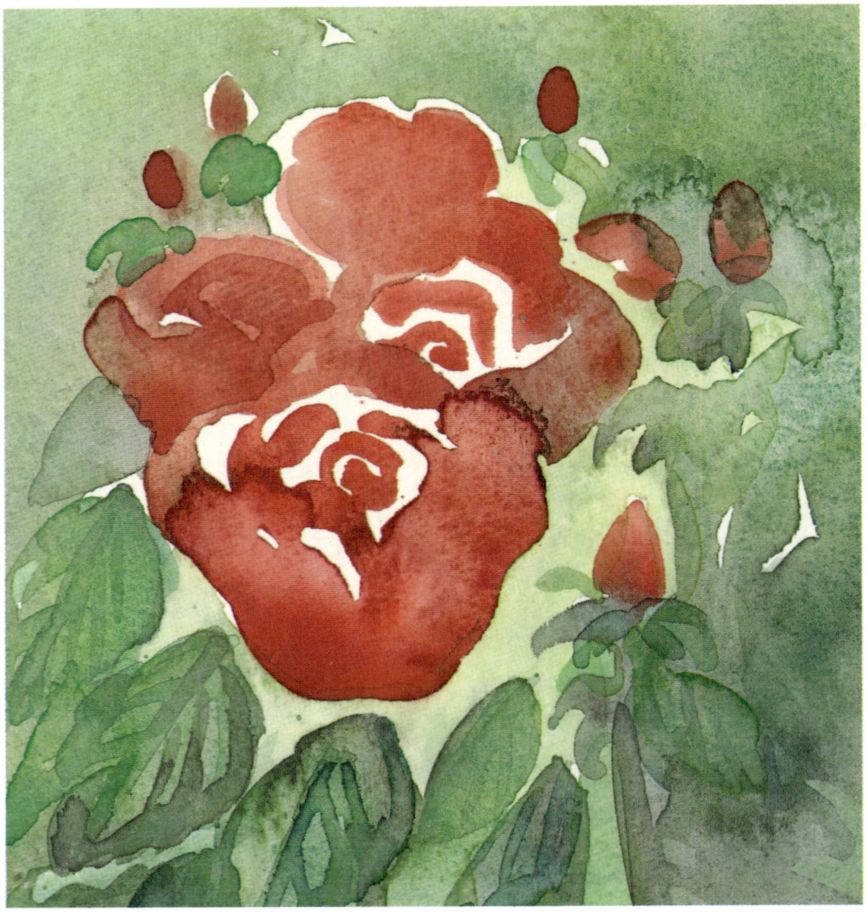

Komposition mit Rosen (Seite 19)
Hier habe ich die Studie ausgeweitet: Die Harmonie bleibt erhalten durch die fast zentrische Anordnung der Rosenblüten, die von Blattgrün eingeschlossen werden. In den Blüten habe ich nun jedoch stärker mit dem schichtweisen Farbauftrag gearbeitet und mit Farbnuancen gespielt. Sowohl zart-helle als auch kräftig-dunkle Farbtöne lassen den Strauß duftend und üppig wirken.

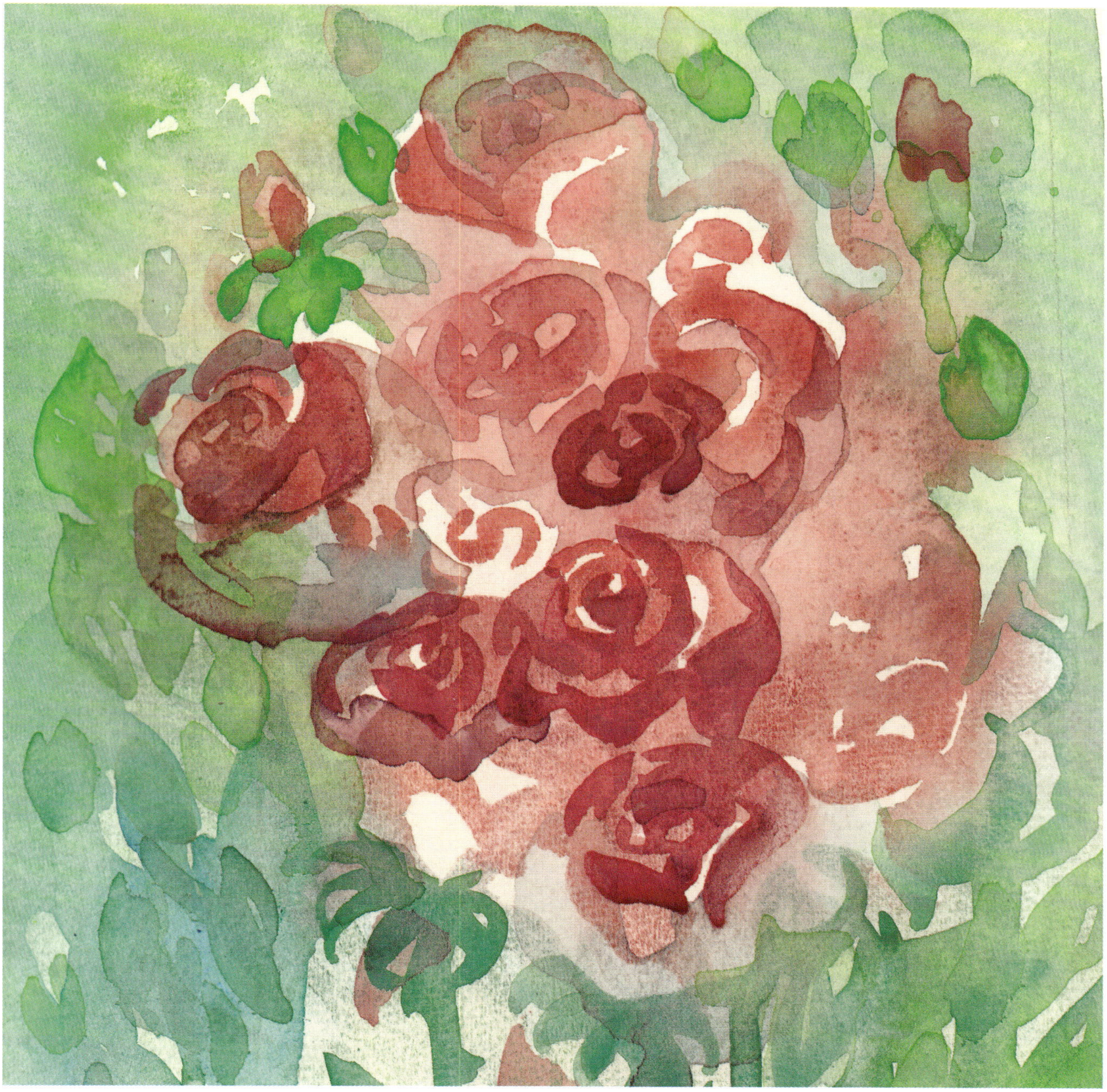

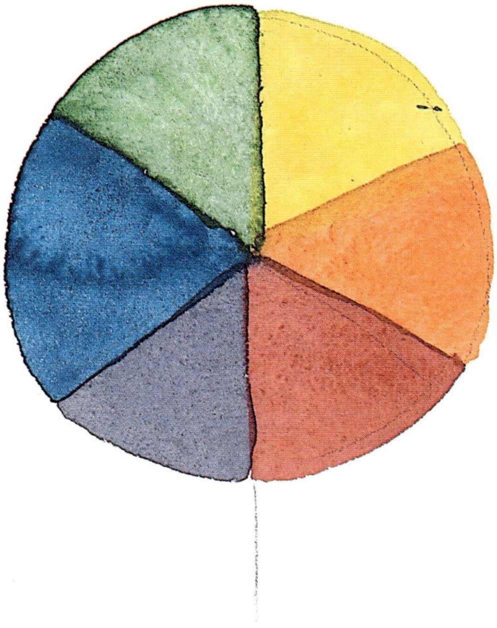

In der Kunst kennt man Primär- bzw. Grundfarben und Sekundärfarben. Die Primärfarben sind Gelb, Rot und Blau. Beim Malen müssen diese drei Farben besonders sorgfältig ausgewählt werden. Das Gelb darf nicht zu grünlich und nicht zu rötlich, das Rot weder gelblich noch bläulich und das Blau weder rötlich noch grünlich sein.

Durch Mischung der Primärfarben erhält man die Sekundärfarben. Gelb mit Rot gemischt ergibt Orange, Rot mit Blau gemischt ergibt Violett, und Gelb mit Blau gemischt ergibt Grün. Jeweils eine Primärfarbe liegt im sechsteiligen Farbkreis einer Sekundärfarbe gegenüber. Diese farbigen Zweierkombinationen nennt man Komplementärfarben. Im Bild ergänzen sich gerade Komplementärfarben besonders gut und sind in ihrer Farbwirkung angenehm für das Auge.

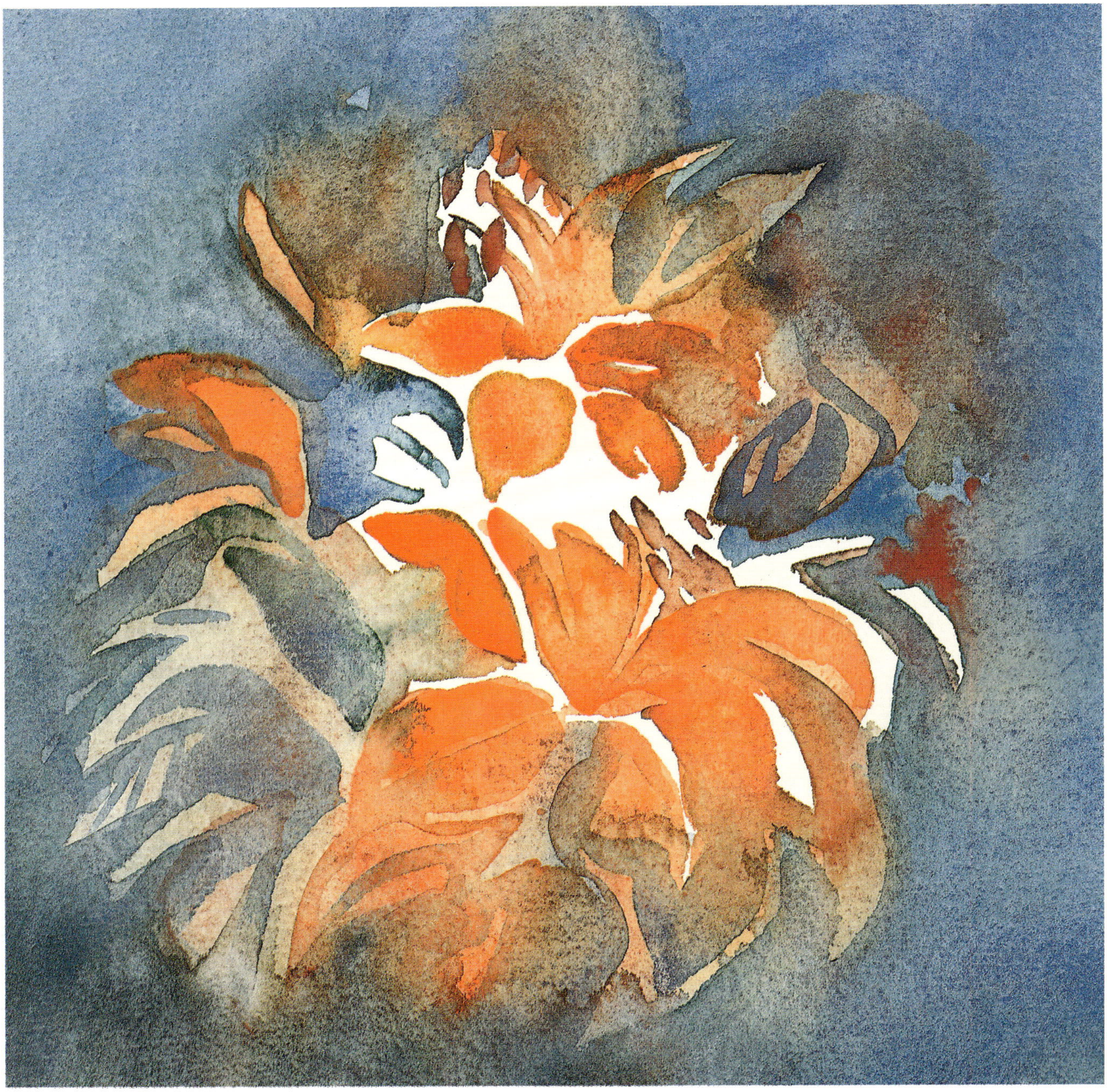

Lilien vor blauem Hintergrund
Ganz anders wirkt dagegen dieser Blumenstrauß, in den Komplementärfarben Blau und Orange gehalten. An einigen Stellen habe ich orangefarbene Blütenblätter mit dem blauen Hintergrund naß in naß vermalt. Die Formen werden dadurch weich und lösen sich auf. Im wirkungsvollen Kontrast dazu stehen die fast streng grafischen Blütenblätter (Lasurtechnik), die klar auf den weißen, ausgesparten Stellen des Aquarellpapiers stehen.

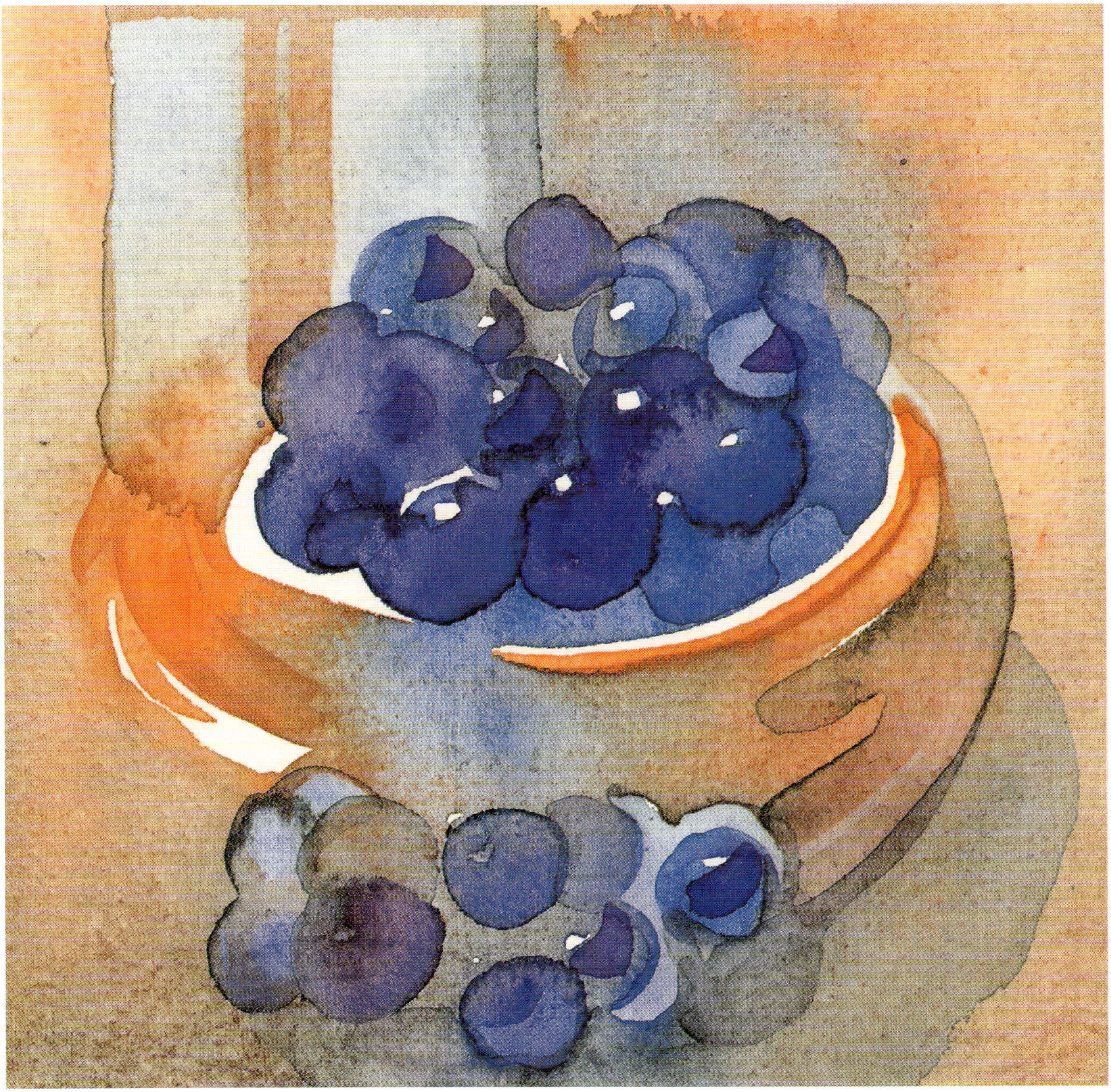

Weintrauben in einer Schale
Leuchtete das Orange im vorangegangenen Bild hervor, so wird es hier eindeutig vom Blau dominiert.
Erneut kann man gut erkennen, wie weiße Aussparungen zur Formgebung eingesetzt werden. Die Ellipse der Schale ist auf diese Weise entstanden und wurde noch durch die graue Lasur rechts betont. Da ich durch die überwiegend rundlichen Formen Spannung im Bild vermißte, habe ich die strengen geraden Linien des Fensters hinzugesetzt. Auch das ist eine Möglichkeit, Gegensätze bewußt einzusetzen.

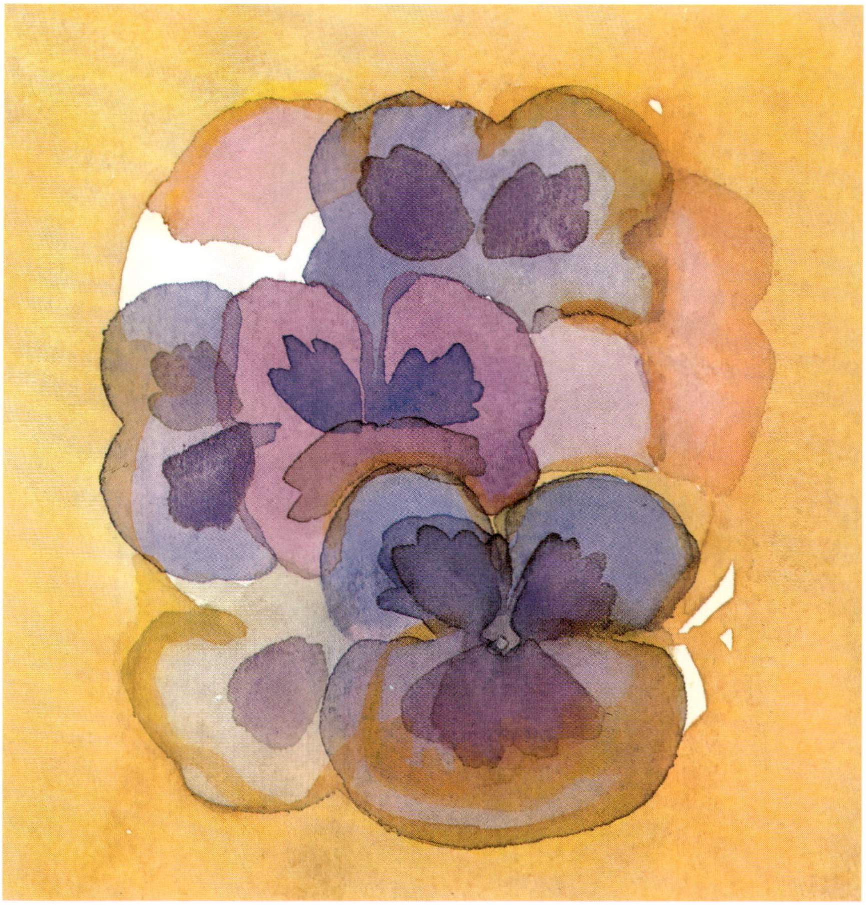

Violette Stiefmütterchen vor gelbem Hintergrund
Als ich an die Komplementärfarben Gelb und Violett dachte, fiel mir sofort das Thema Stiefmütterchen ein, da diese Blüten ja auch in der Natur Gelb und Violett in sich vereinigen. Im folgenden habe ich daher verschiedene Kompositionen dieses Motivs angefertigt. Betrachten Sie einmal die unterschiedliche Wirkung der ersten beiden Bilder. Gelb hat eine ausdehnende Farbwirkung, während Violett eine eher einengende Wirkung besitzt. Hier scheint das Gelb in das Violett der Blüten weich hineinzufließen. Das Bild wirkt sanft und ruhig.

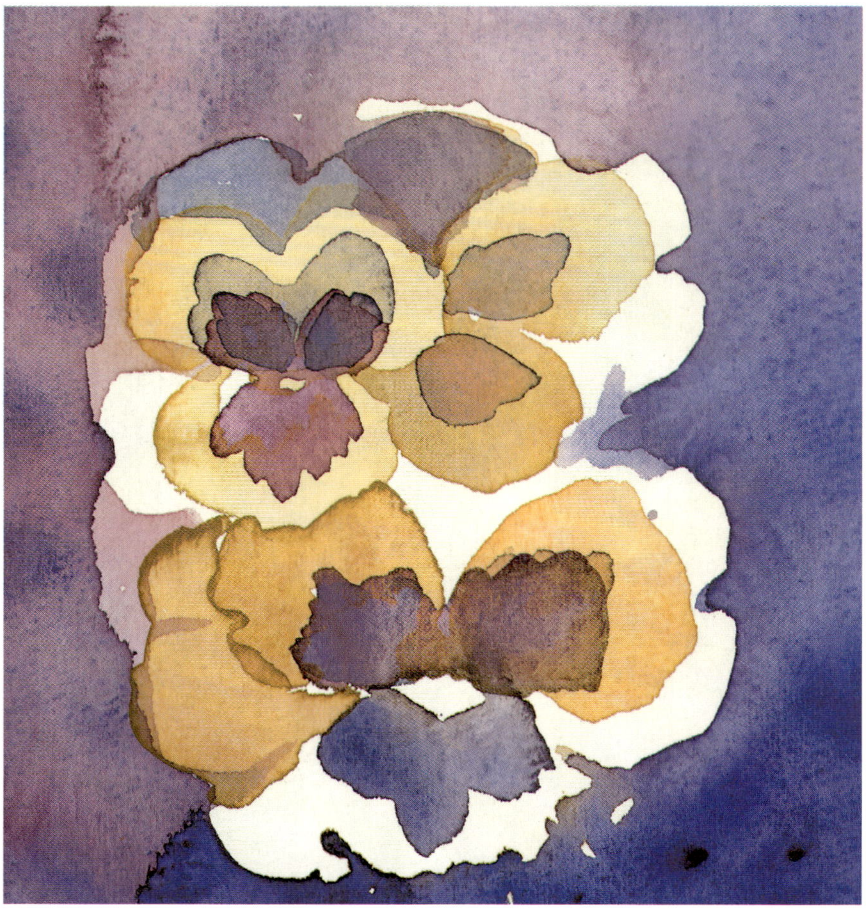

Gelbe Stiefmütterchen vor violettem Hintergrund
Ganz anders die Farbwirkung in diesem Bild. Der violett angelegte Hintergrund umschließt die Blüten und bringt dadurch das Gelb der Blüten intensiv zum Leuchten. Lebendig wirkt das Bild auch durch seine vermehrten Weißstellen.

Stiefmütterchen in einer Glasvase
Auch hier dominiert das Violett und bringt das Gelb zum Strahlen. Zudem habe ich meine Farbpalette um Grün und Grau erweitert. Grau erhalten Sie durch starke Beimischung von Wasser in Schwarz. In diesem Bild habe ich Grau für die Vase verwendet. Im allgemeinen eignet sich die Mischung von Grau und einer anderen Farbe auch besonders gut für die Gestaltung von Schatten.

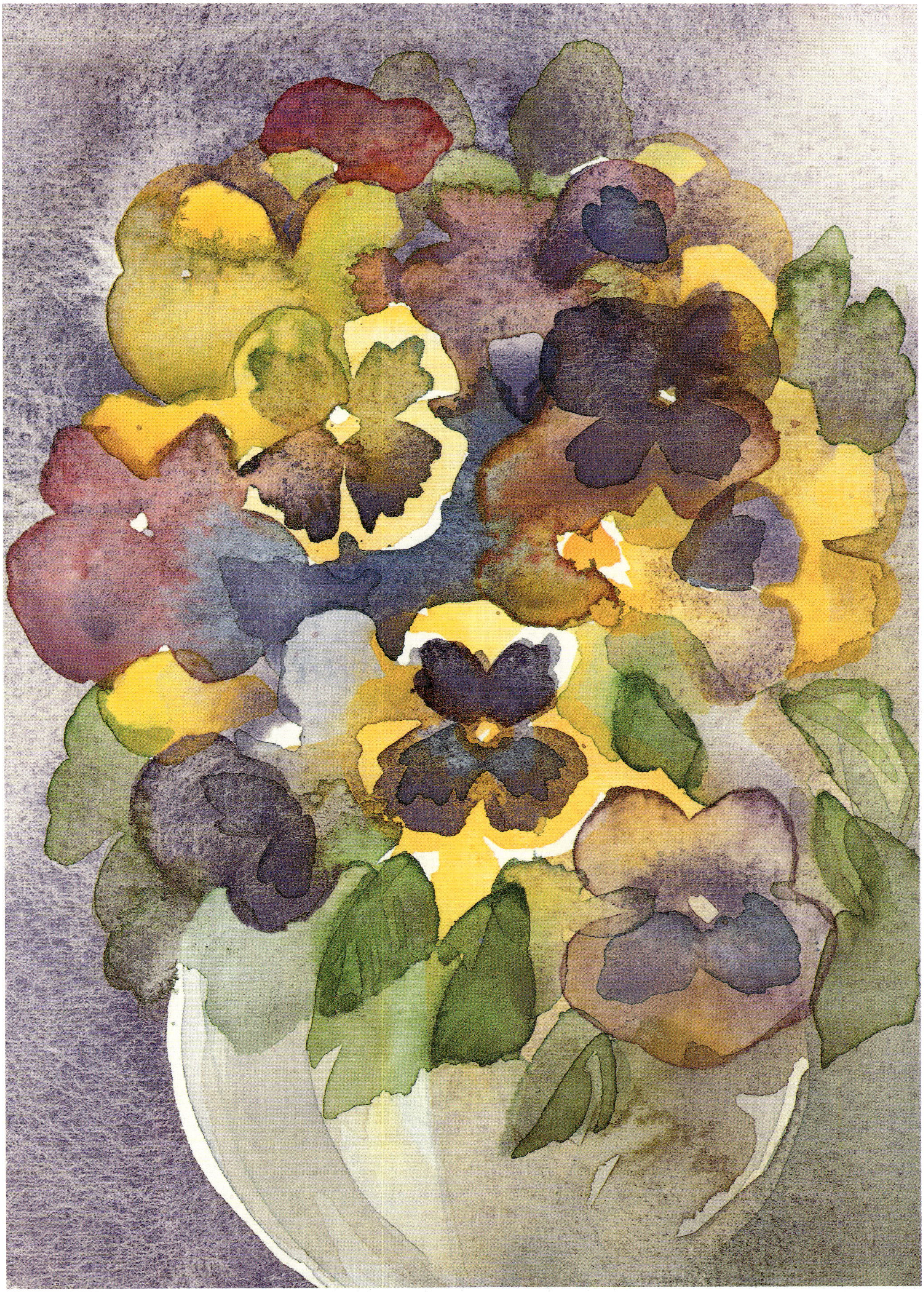

Auf den Abbildungen rechts sehen Sie einige mit Bleistift gezeichnete Skizzen. Solche Skizzen sind hilfreich, um sich vor dem Aquarellieren über die Komposition des folgenden Bildes klarzuwerden. In ihnen kann man Dinge hin und her schieben und die Wirkung verschiedener Konstellationen betrachten. Entscheiden Sie sich vor Malbeginn zunächst für Ihr Papierformat. Soll das Bild im Hoch- oder Querformat angelegt werden, oder kann das gewünschte Motiv in einem Quadrat besser zur Wirkung kommen? Danach müssen Sie sich überlegen, wie Sie die einzelnen Gegenstände in Ihrem Bild anordnen wollen und in welchem Größenverhältnis sie zueinander stehen sollen.

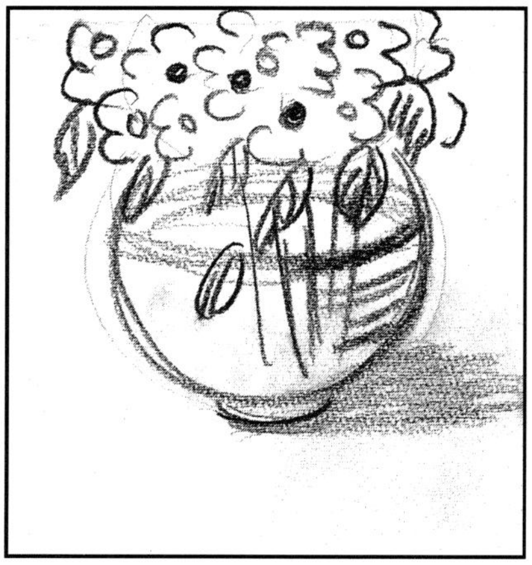

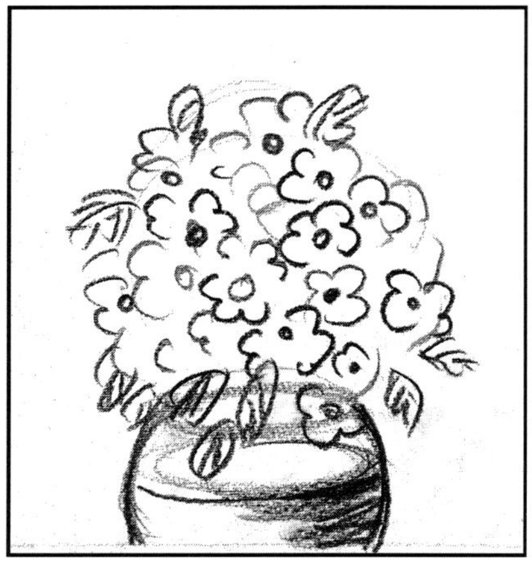

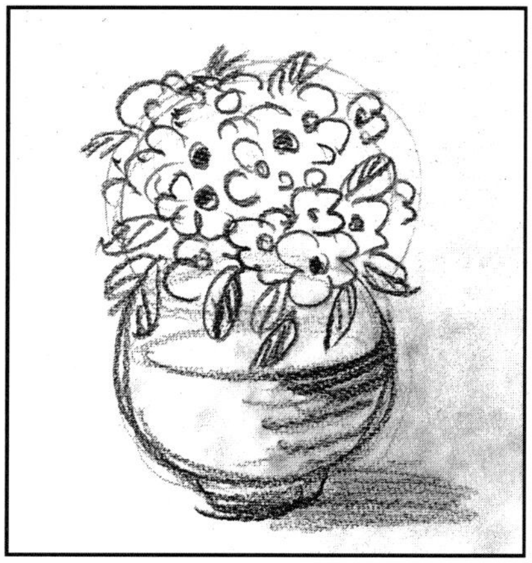

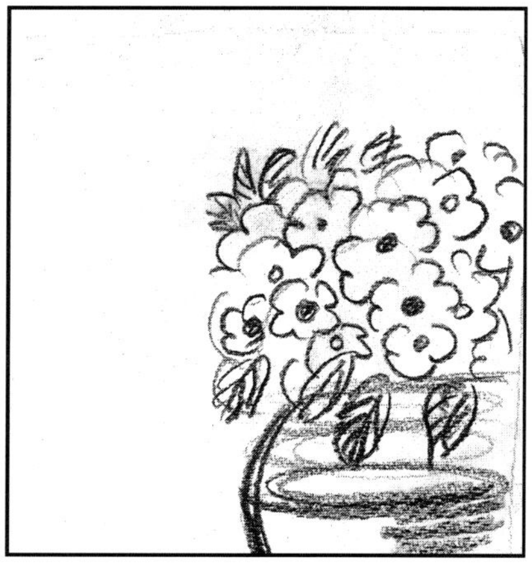

Oben links: Hier ist die Blumenvase oben zu weit angeschnitten, dem Tisch wird damit zuviel Raum gegeben.

Oben rechts: Die Blumenvase ist aus dem unteren Bildrand „herausgerutscht".

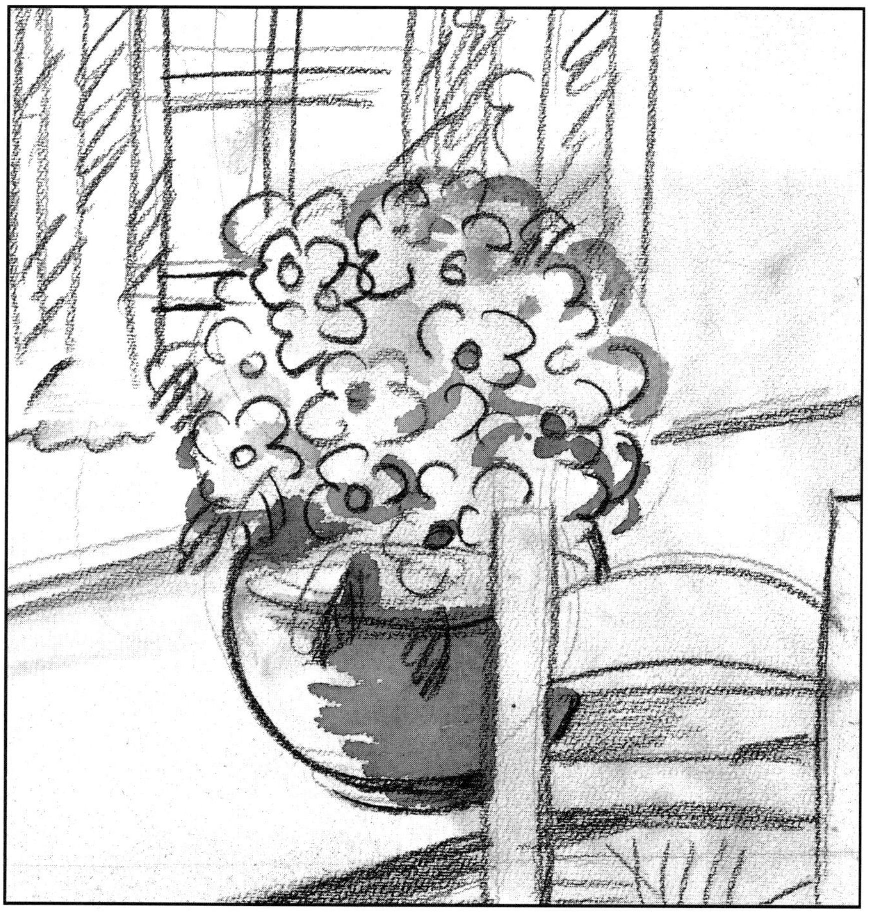

Mitte links: Die Blumenvase steht zentrisch in der Bildfläche. Dies kann jedoch sehr eintönig und langweilig wirken.

Mitte rechts: Das Motiv steht jetzt exzentrisch in der Bildfläche. Der Raum oben links wirkt noch leer, doch an sich ist die Komposition nicht uninteressant, da sich hier die Möglichkeit bietet, andere Dinge einzufügen.

Rechts: Die Blumenvase ist nun in einem Raum eingebunden, der Vordergrund ist durch den angeschnittenen Stuhl betont worden. Der Hintergrund zeigt ein Fenster mit Vorhang. Die einzelnen Gegenstände wurden hintereinander gestaffelt; um kompositorische Spannung zu erhalten, wurden die beiden Tischkanten diagonal ins Bild gesetzt.

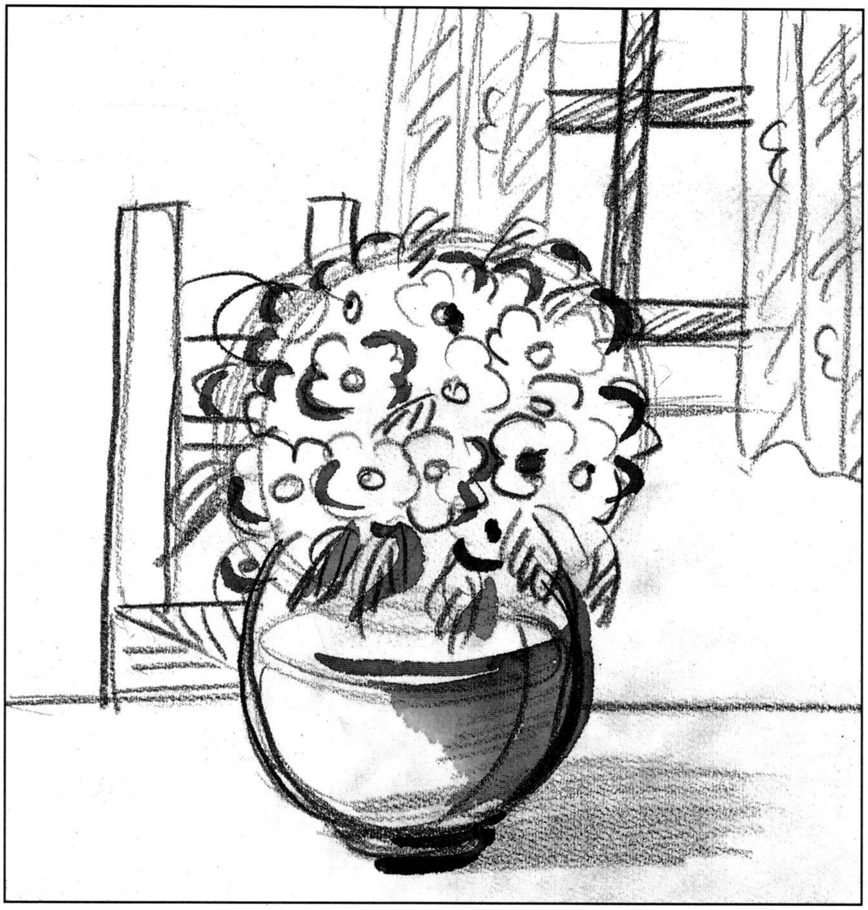

Die Blumenvase steht in der Mitte der Bildfläche. Die Komposition wirkt ruhiger als in der Abbildung auf Seite 24 unten, da Stuhl, Tisch und Fenster parallel zum Bildrand verlaufen.

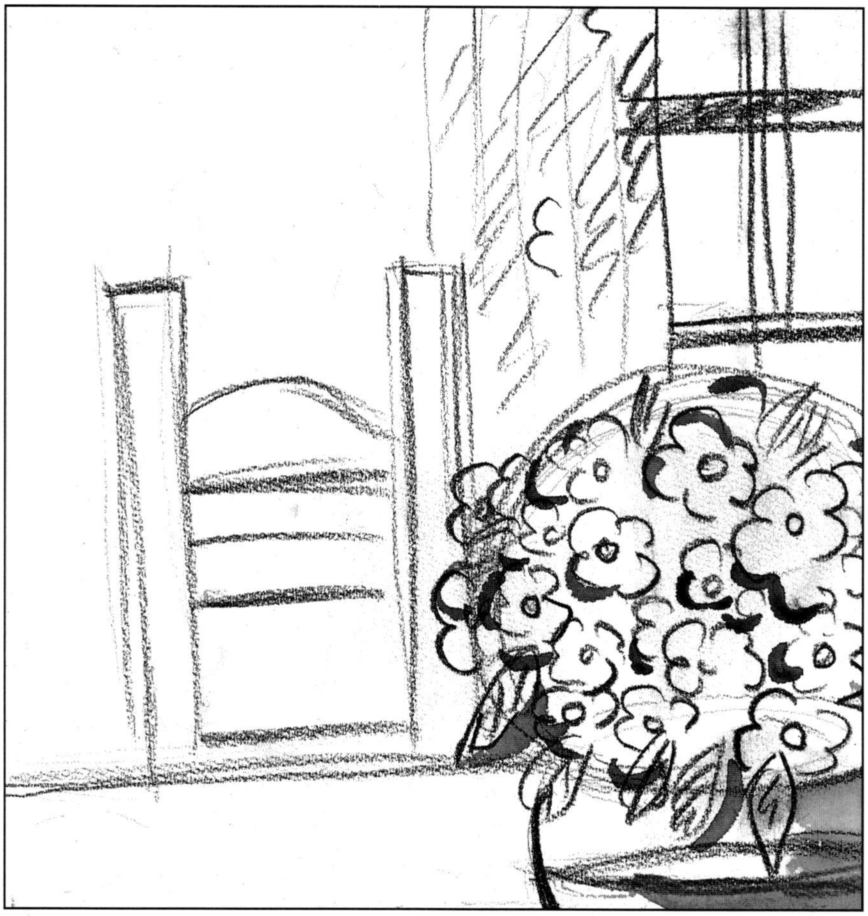

Die Blumenvase steht hier, wie in der Abbildung auf Seite 24 Mitte rechts, exzentrisch in der Bildfläche. Die leere Fläche ist nun durch die Gestaltung des Innenraums gefüllt und belebt. Weitere Spannung wird durch die Überschneidung von Stuhl und Vorhang im Hintergrund erreicht.

Hier können Sie sehen, wie hübsch Ihre Aquarelle gerahmt wirken. Schon eine einzelne Blüte wird zu einem kleinen Kunstwerk.

Achten Sie bei der Wahl des Rahmens auf dessen Form und Farbe. In jedem Aquarell kommt eine bestimmte Farbstimmung zum Ausdruck, die durch eine Einfassung im gleichen Farbton harmonisch ergänzt oder durch eine Kontrastfarbe hervorgehoben werden kann. Ebenso beeinflussen Breite und Form des Rahmens die Bildwirkung. Gerade ein kleines Aquarell darf nicht durch einen zu üppigen Rahmen „erschlagen" werden. Ob Sie sich für eine Rahmung mit oder ohne Passepartout entscheiden, liegt in Ihrem eigenen Ermessen. Ein Bild mit Passepartout wirkt stärker für sich selbst, der Rahmen tritt als reiner Bildträger in den Hintergrund. Daß ein Passepartout dabei nicht immer nur weiß und rechteckig sein muß, sehen Sie an dem kleinen schwarzen Bild links unten. Überflüssig ist dagegen ein Passepartout bei Bildern, die nicht voll ausgemalt sind und schon in sich eine natürliche Abgrenzung besitzen.

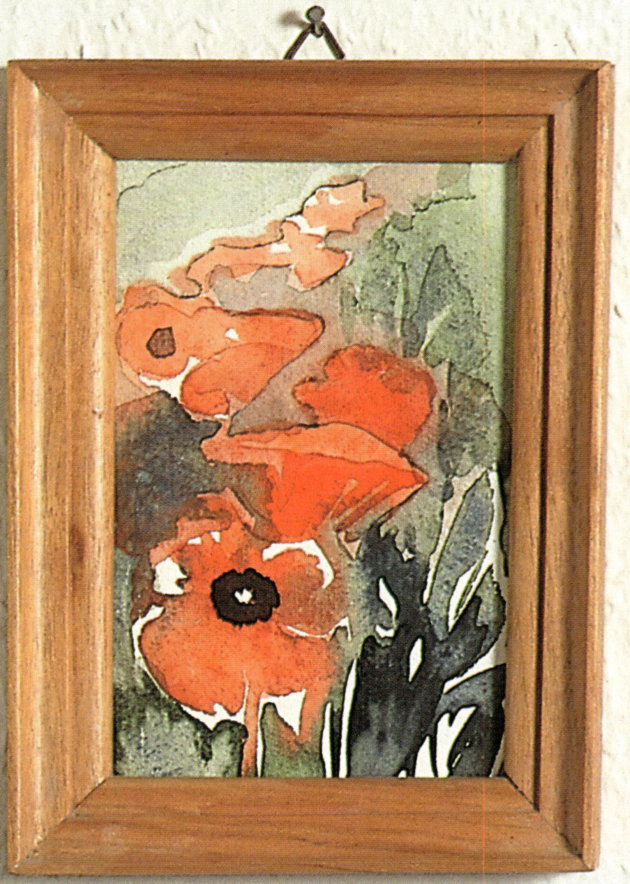

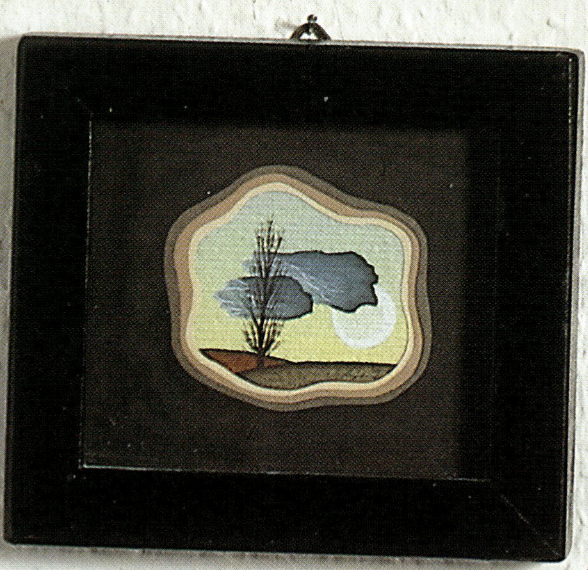

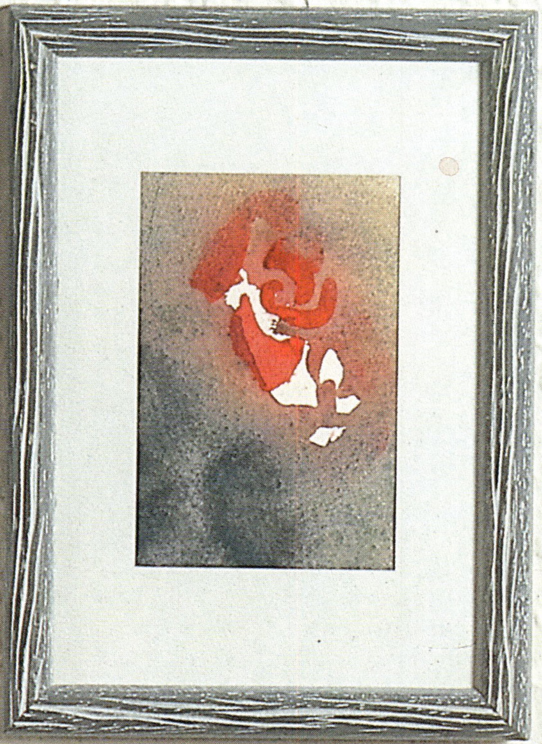

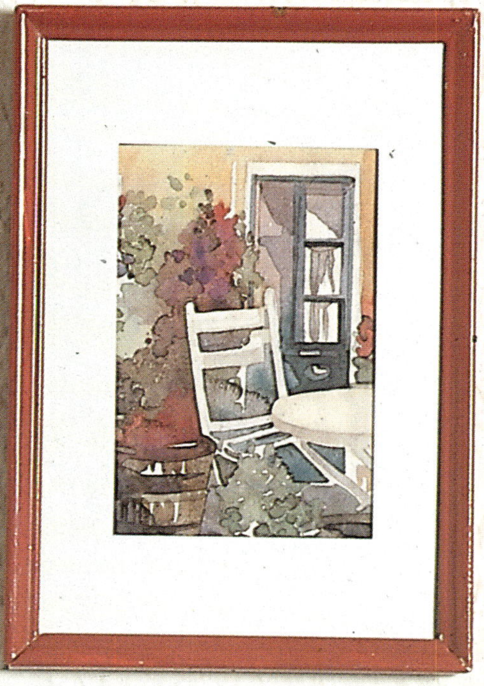

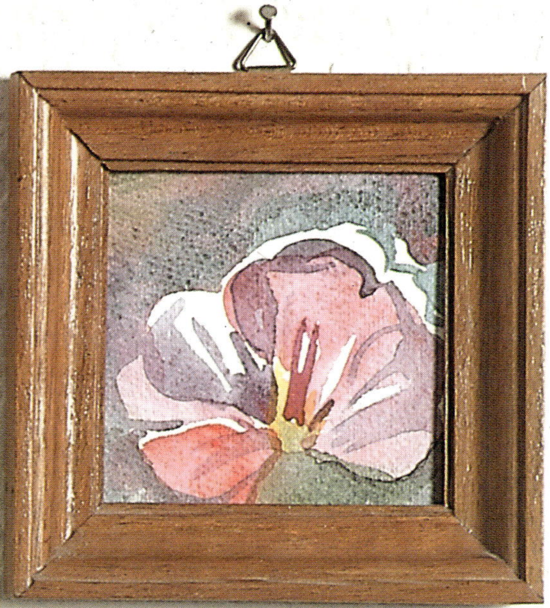

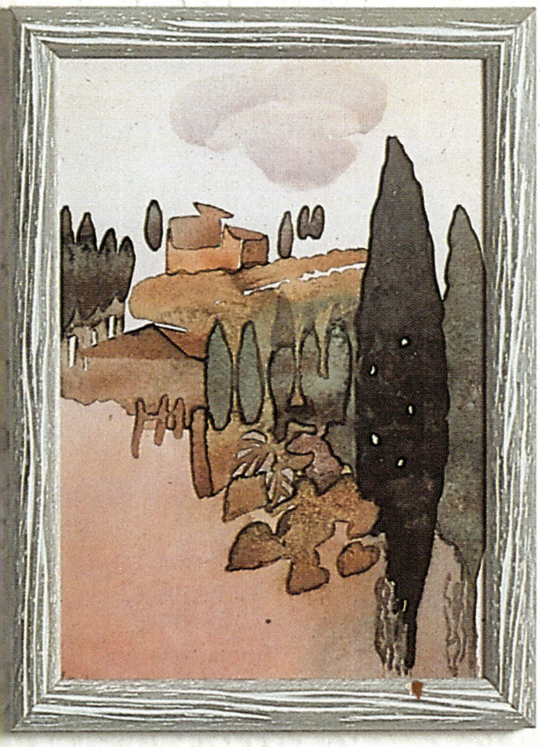

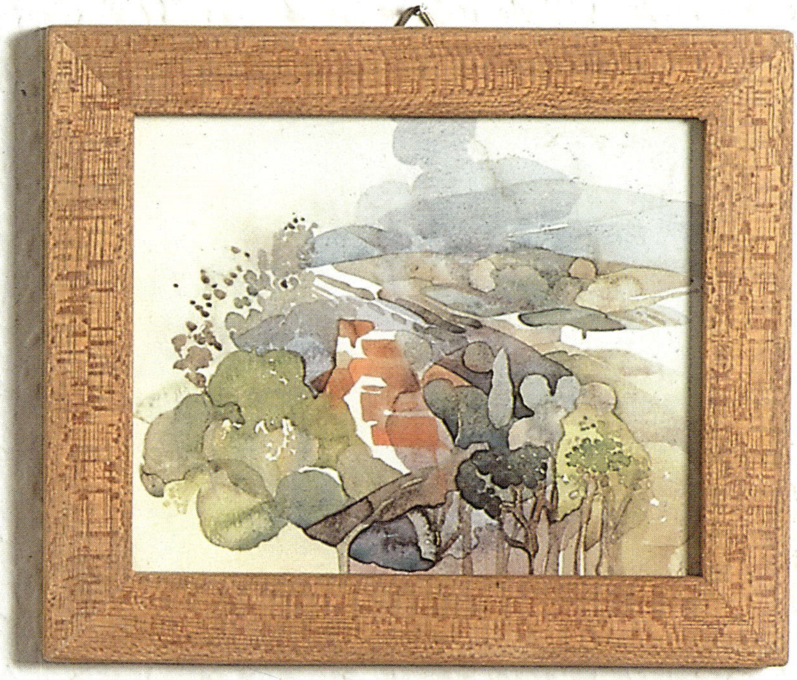

Ein Tip: Ist Ihnen einmal ein Bild mißlungen, so entdecken Sie vielleicht doch noch einen kleinen Ausschnitt, der Ihnen gefällt. Schneiden Sie diesen einfach aus und rahmen Sie ihn. So können Sie ganz unverhofft noch ein hübsches kleines Aquarell erhalten.

Auf den folgenden Seiten finden Sie einige Ideen und Anregungen, was Sie alles mit einem kleinen Aquarell machen können. Es muß nicht immer ein gerahmtes Bild sein. Möchten Sie z. B. einem lieben Freund einen kurzen Gruß senden, ohne die Karte zu finden, die so recht passend wäre? Wieso nicht selber eine Postkarte entwerfen? Schon die Bildgröße (10,5 cm x 14,8 cm) bietet sich an, ein kleines Aquarell zu malen. Postkartenmäppchen aus verschieden strukturiertem Aquarellpapier sind vorgefertigt im Handel erhältlich. Persönlicher können Sie Ihren Gruß kaum zum Ausdruck bringen, und der Empfänger wird sich nicht nur über Ihre geschriebenen Zeilen freuen.

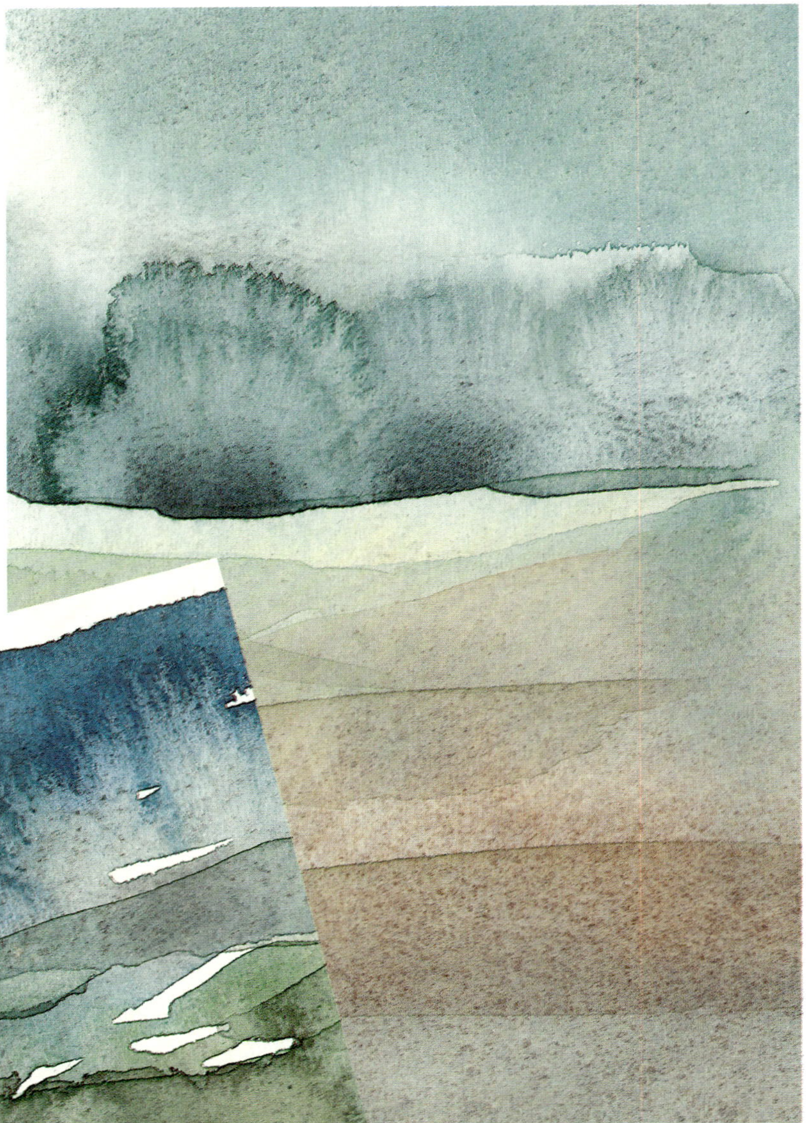

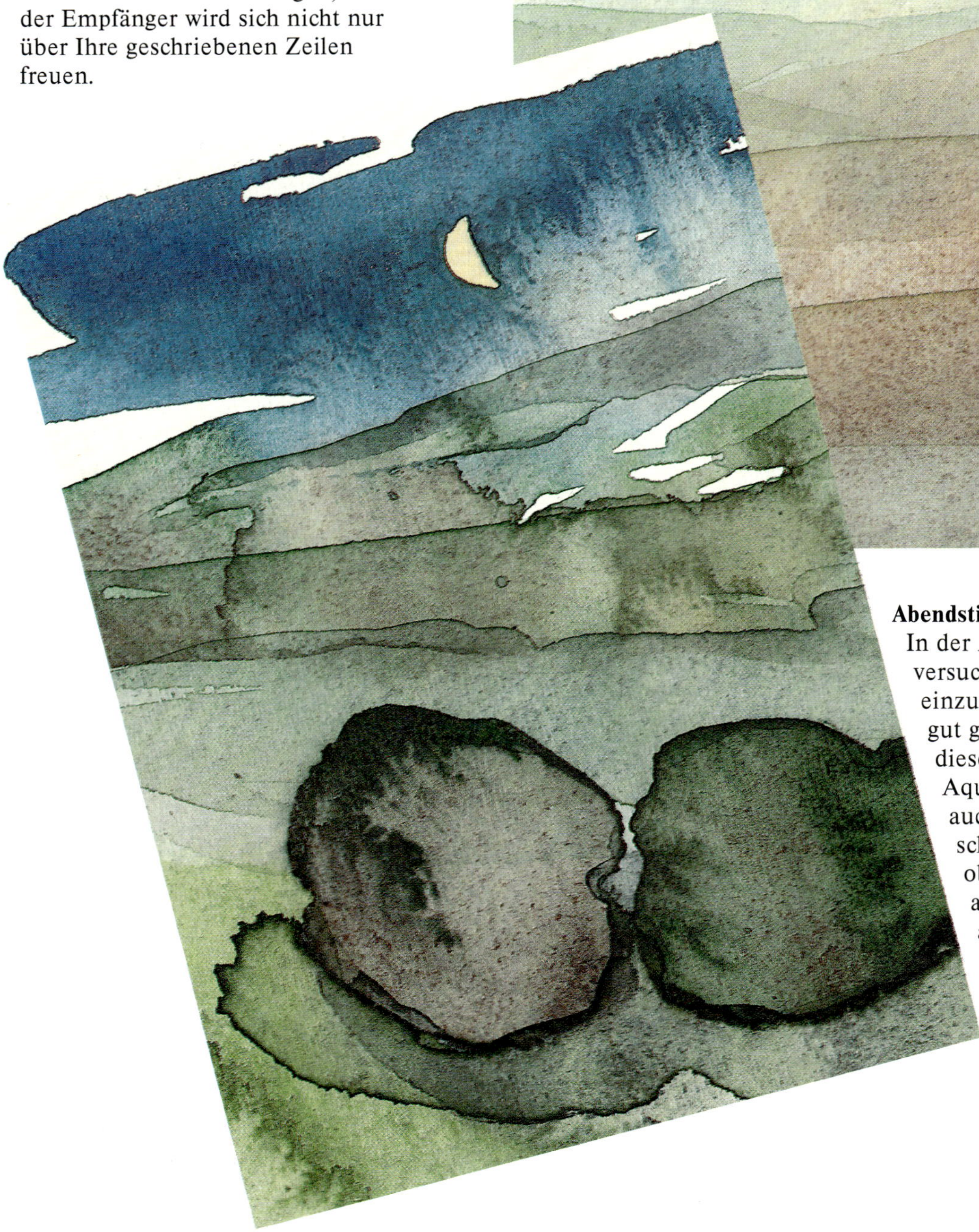

Abendstimmung
In der Abbildung links habe ich versucht, eine Farbstimmung einzufangen, die mir besonders gut gefiel. Das Motiv trat vor diesem Anliegen zurück, das Aquarell wirkt daher abstrakt, auch wenn man eine Landschaft assoziieren kann. Im oberen Teil habe ich sehr naß aquarelliert und die Farbe ausblühen lassen. Im unteren Bildteil wurde die Farbe dagegen lasierend übereinandergemalt.

Bei der Postkarte rechts oben reizte mich die Perspektive und die Komposition. Die beiden schlanken Bäume an der Allee führen den Blick zu der idyllisch eingerahmten Häusergruppe; der weiße Rand betont diese Wirkung. Unterstützt wird die Perspektive durch die gegensätzliche Malweise der beiden Bäume. Der linke Baum ist strukturiert dargestellt und wirkt nah. Der rechte Baum ist flächiger, verfließend gemalt und wirkt weiter entfernt.

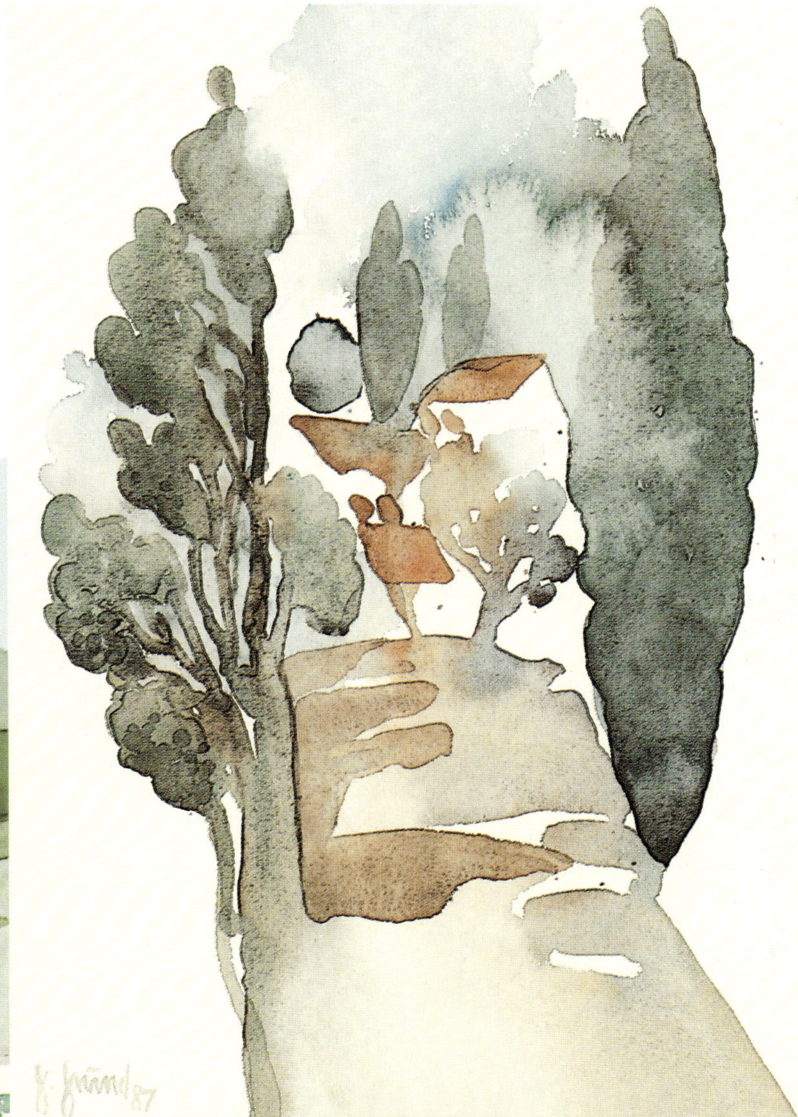

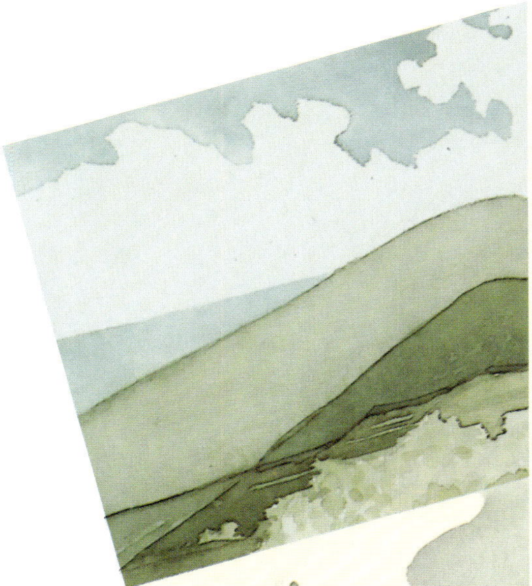

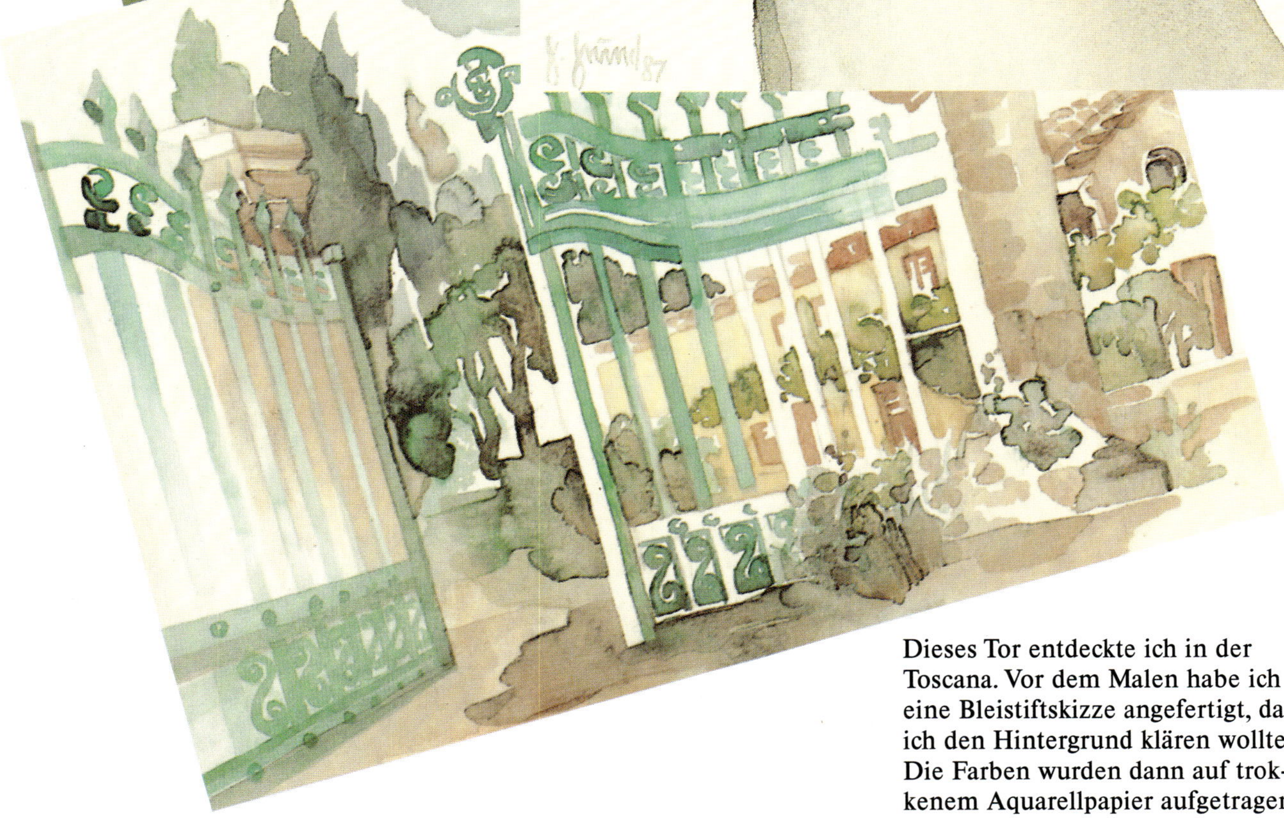

Dieses Tor entdeckte ich in der Toscana. Vor dem Malen habe ich eine Bleistiftskizze angefertigt, da ich den Hintergrund klären wollte. Die Farben wurden dann auf trockenem Aquarellpapier aufgetragen.

Sie können natürlich nicht nur Ihre eigene Postkarte gestalten, sondern auch Ihr ganz persönliches Briefpapier entwerfen. Hier einige Beispiele.

Briefkopf mit Landschaft
Hier habe ich den oberen Papierteil als Malgrund gewählt und eine kleine Landschaft aquarelliert. Auch diese Art der Bildanordnung läßt Ihnen genügend Raum für Ihren Text.

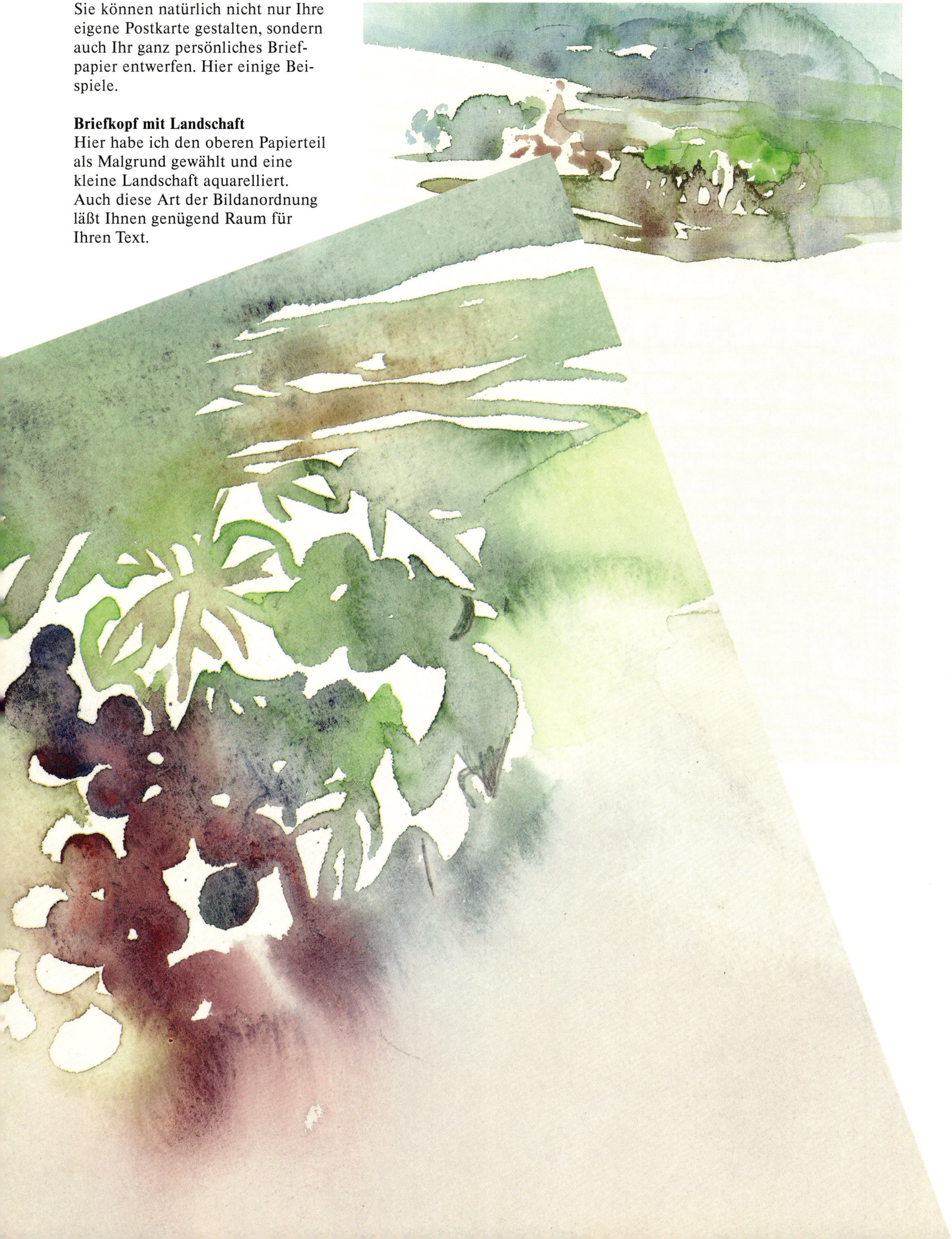

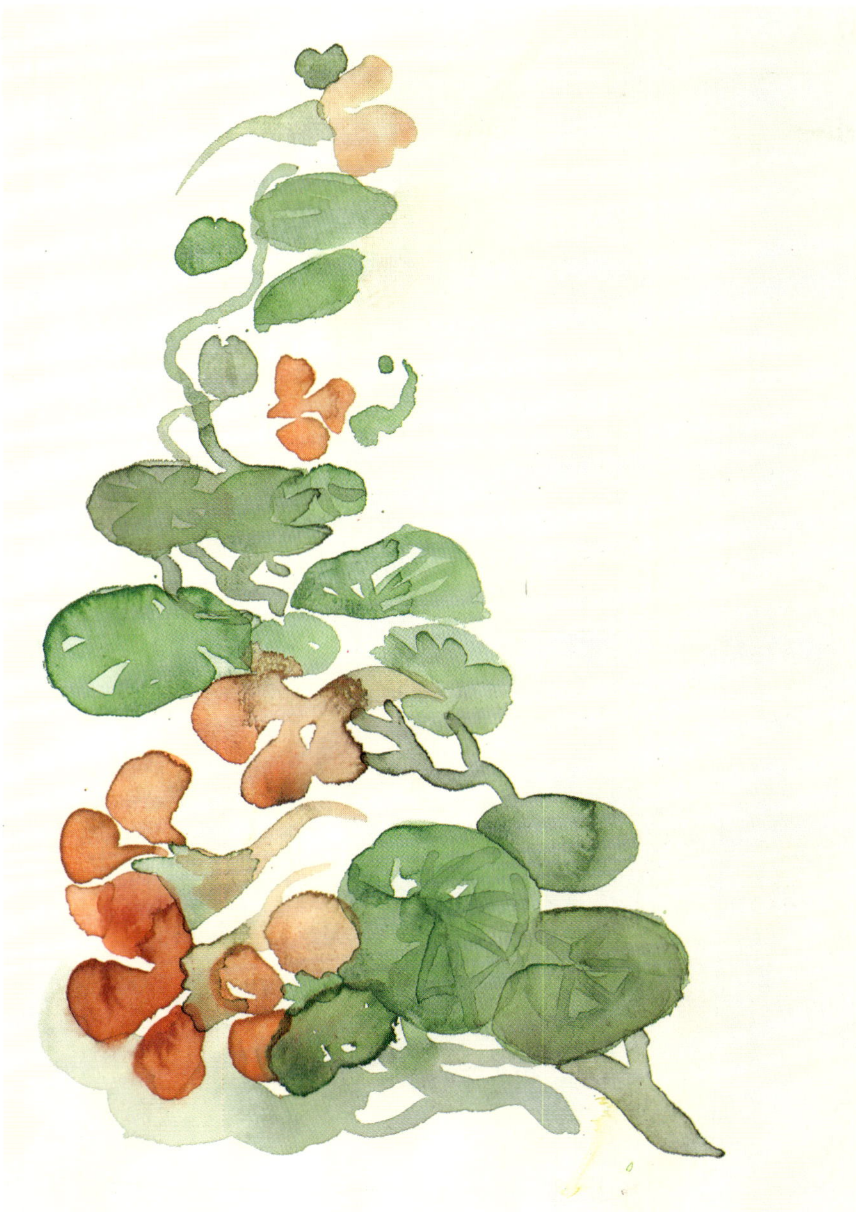

Das Briefpapier im Aquarell
Wenn Sie Ihr eigenes Briefpapier aquarellieren, sollten Sie daran denken, kein zu dickes Papier zu verwenden. Die Portokosten erhöhen sich sonst unnötig. Ich empfehle Ihnen daher Ingrespapier. Dies sollte jedoch vor Malbeginn mit Klebestreifen auf eine Hartfaserplatte aufgeklebt werden. Auf diese Weise entstehen keine unerwünschten Unebenheiten. Ist das Aquarell dann vollkommen trocken, kann es vorsichtig mit dem Passepartoutmesser gelöst werden.

Kapuzinerkresse auf Briefpapier
In diesem Beispiel rankt sich die Kresse am linken Bildrand empor. Eine solche asymmetrische Komposition ist eine originelle Art, Briefpapier zu schmücken. Auf der rechten Seite bleibt Ihnen dann genügend Platz, um zu schreiben.

Komposition mit Weintrauben
Wiederum ist der Briefkopf bemalt, doch ist diese Komposition asymmetrisch angelegt. Die Weintrauben und Blätter ranken sich nach unten und lösen sich in ihren Formen mehr und mehr auf. Die Farben verfließen weich und wurden dann mit viel Wasser über die ganze Fläche ausgemalt. Das Briefpapier erhält dadurch eine helle, leichte Farbtönung. Auf diese Weise können Sie auch Briefpapier in verschiedenen Farbtönen herstellen.

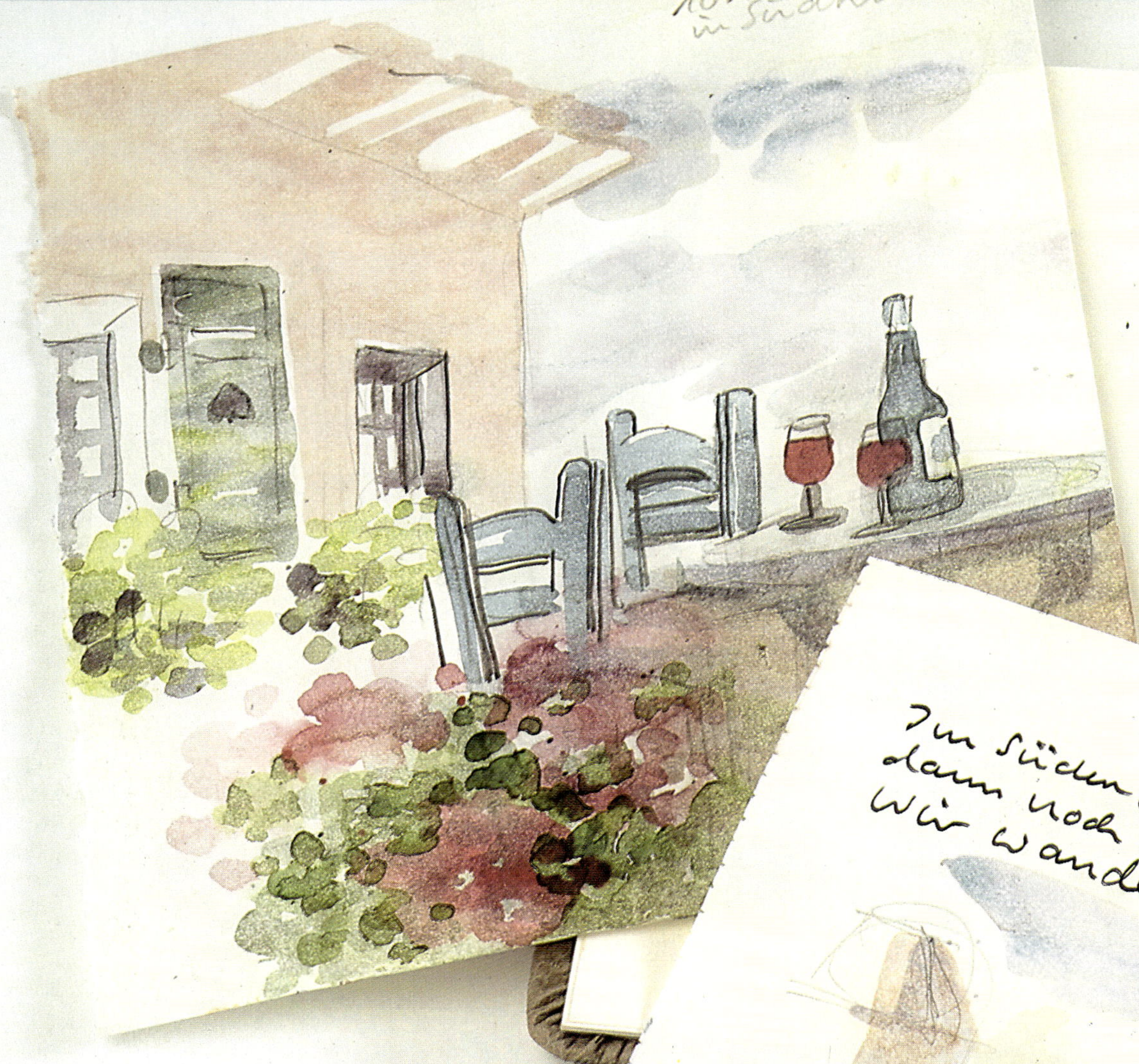

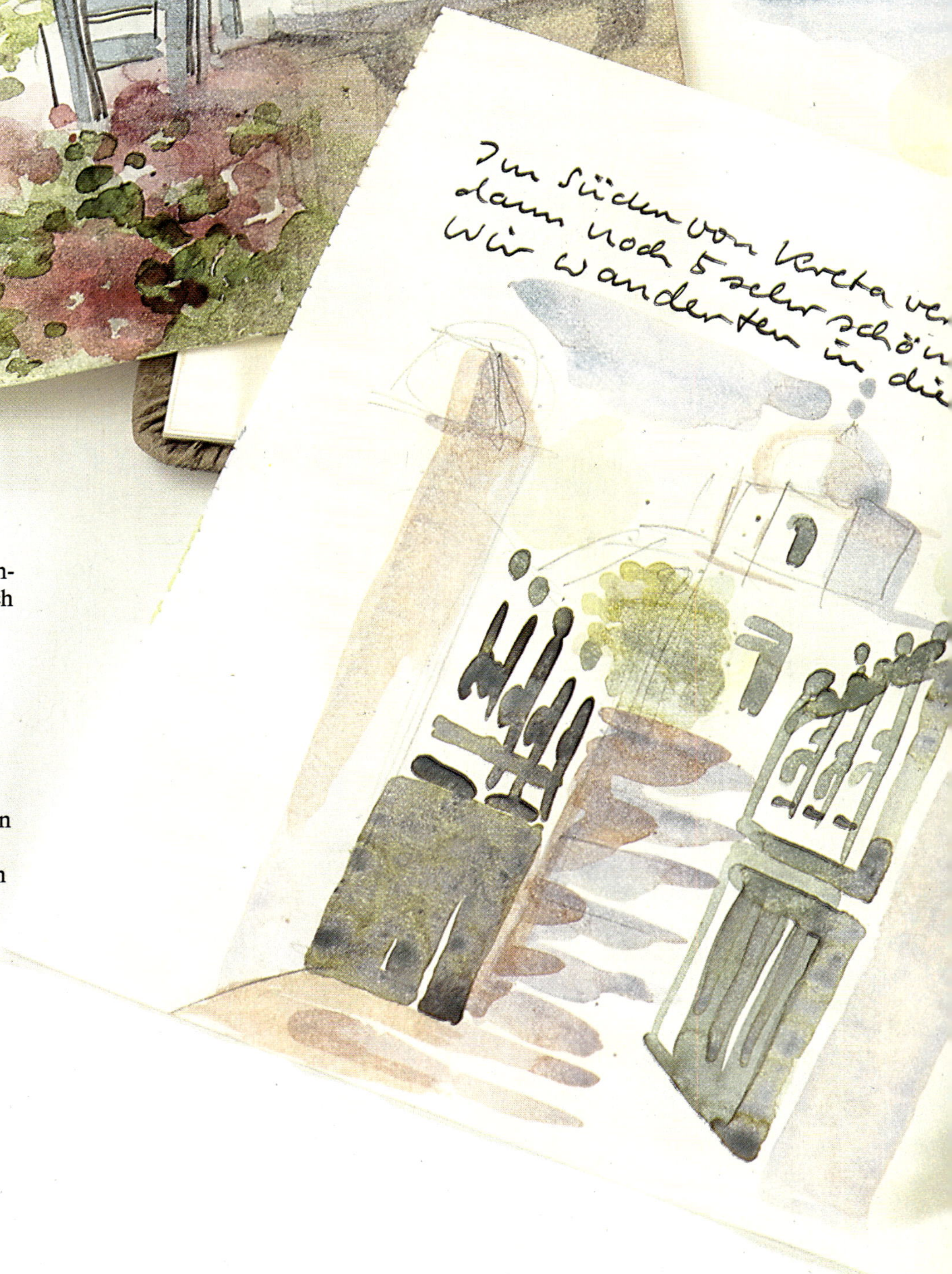

Ein Tagebuch ist Ihr ganz persönlicher Begleiter. In ihm werden Ereignisse, Gefühle und Erinnerungen festgehalten. Ebenso persönlich sind Ihre Bilder. Kombinieren Sie beides. Sie werden sehen, für manche Momente brauchen Sie keine Worte mehr, das Bild allein kann Ihnen das Erlebte ins Gedächtnis rufen. Die Abbildungen zeigen Augenblicke verschiedener Reisen. Für die sonnige Rast in den Bergen genügte mir ein Bild als Erinnerung. In den beiden anderen Bildern habe ich Text und Aquarell so kombiniert, daß sie wie eine Einheit wirken.

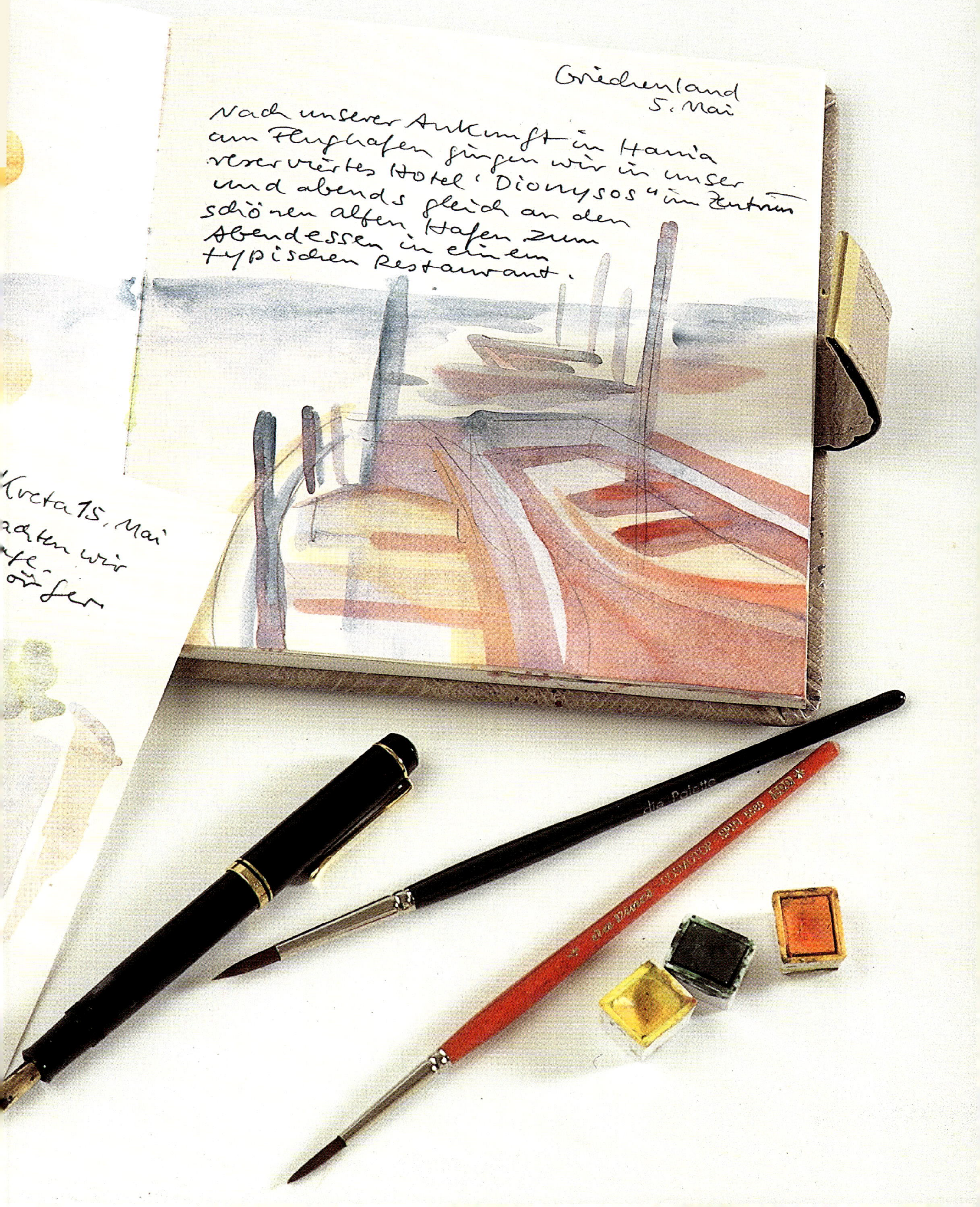
Griechenland
5. Mai
Nach unserer Ankunft in Hania
am Flughafen gingen wir in unser
reserviertes Hotel 'Dionysos' im Zentrum
und abends gleich an den
schönen alten Hafen zum
Abendessen in einem
typischen Restaurant.
die Palette
da Vinci

Ein aquarellierter Geschenkanhänger verleiht jedem Präsent eine zusätzliche persönliche Note. Ihrer Phantasie sind bei der Gestaltung keine Grenzen gesetzt. Das Format kann rund, ellipsenförmig, rechteckig oder dreieckig sein. Auch das Motiv kann frei gewählt sein. Es kann dem Anlaß des Geschenks angepaßt werden, eine kleine Anspielung auf den Beschenkten enthalten oder vielleicht auch an schöne gemeinsame Stunden erinnern. Ein Glückwünsch oder ein kleiner Text können wie beim Briefpapier oder dem Tagebuch in das Bild integriert werden. Empfehlenswert ist es, über das getrocknete Aquarell eine Klarsichtfolie mit gummierter Unterseite zu kleben. Dadurch wird Ihr Bild geschützt.

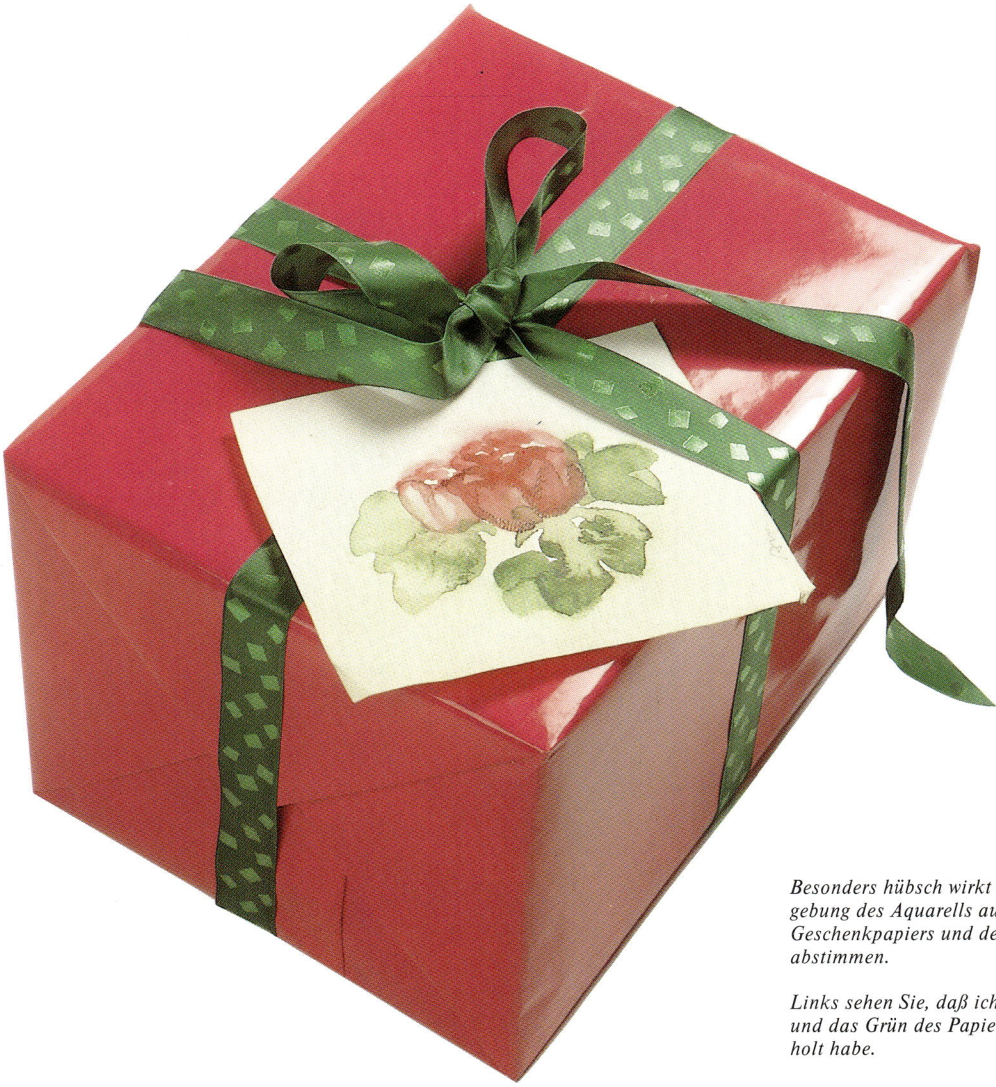

Besonders hübsch wirkt es, wenn Sie die Farbgebung des Aquarells auf die Farben des Geschenkpapiers und des Geschenkbandes abstimmen.

Links sehen Sie, daß ich das Rot der Schleife und das Grün des Papiers im Aquarell wiederholt habe.

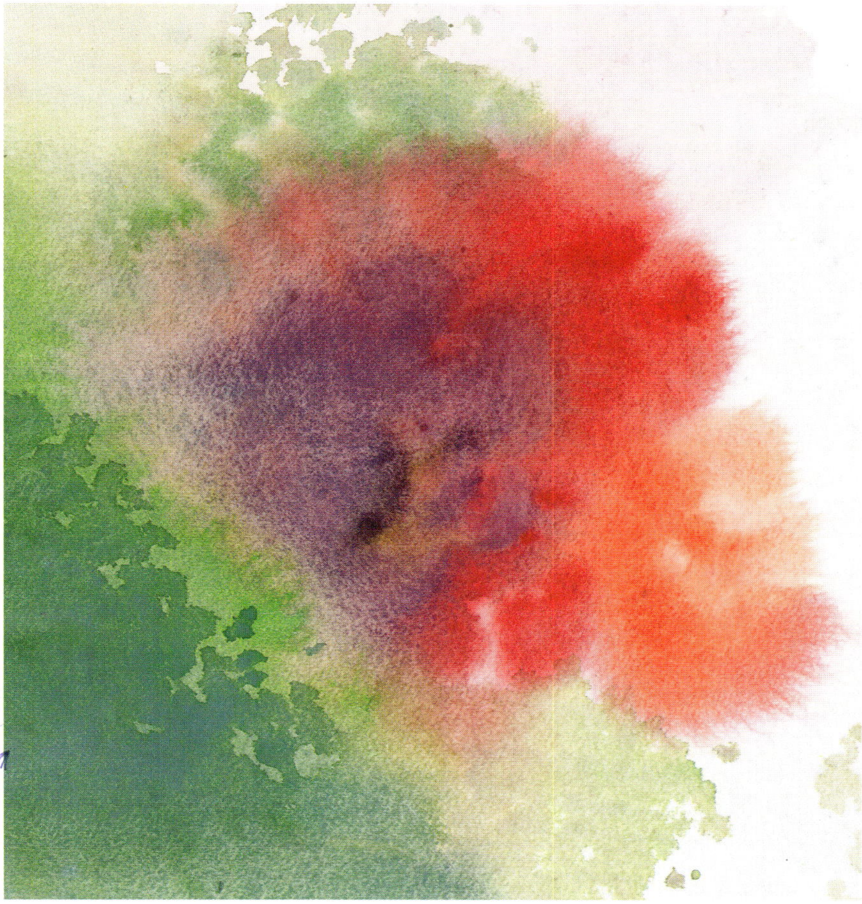

Rote Blüte
Dieses Aquarell ist fast abstrakt. Die roten Farbtöne wurden sehr naß vermalt und sind fließend verlaufen. Im spannungsvollen Kontrast dazu steht das strukturierte Grün, das auf das inzwischen trockene Papier gemalt wurde. Ein solches Bild ist eher neutral und daher zu jedem Geschenk passend.

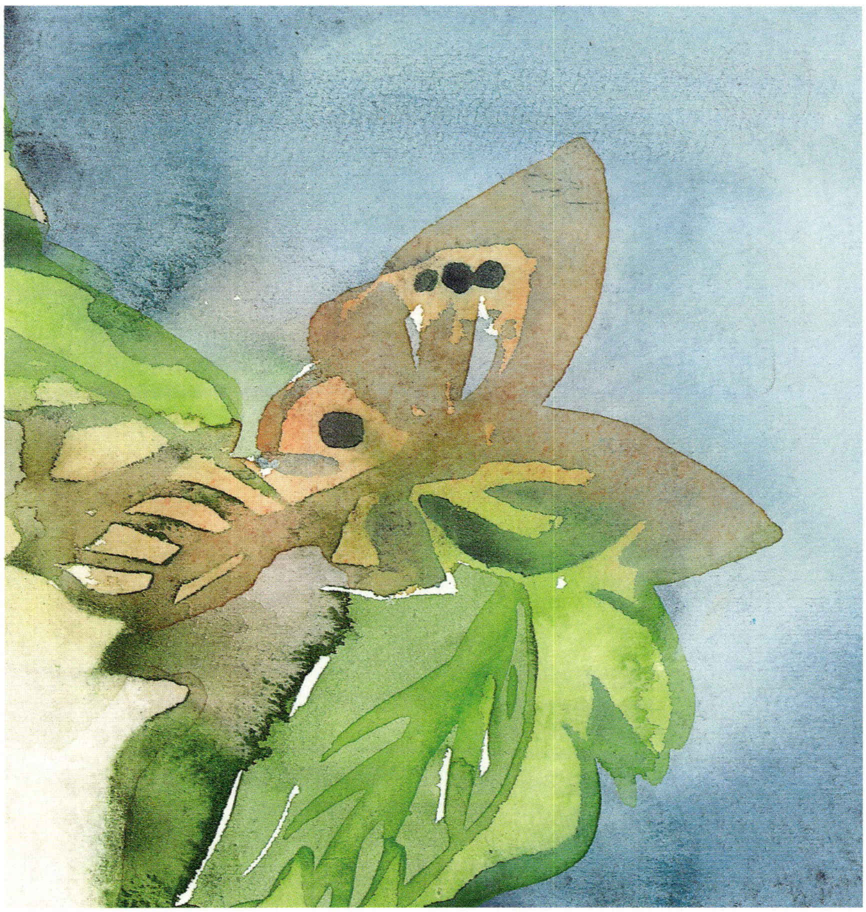

Schmetterlinge auf Blättern
Hier habe ich mit dem schichtweisen Farbauftrag gearbeitet. Die Bildkomposition ist asymmetrisch und läßt daher Raum für einen kleinen Text.

Ein Lesezeichen zu gestalten bedeutet vor allem, eine Bildkomposition in einem ungewöhnlichen Format zu planen. Beziehen Sie diese Überlegung in Ihre Motivauswahl mit ein. Auf dieser Doppelseite sehen Sie einige Beispiele. In den ersten beiden Aquarellen habe ich mit Farbkontrasten gearbeitet. Die Abendstimmung wird durch den gelben Mond, der durch weiß ausgesparte Stellen betont wurde, und seine helle Umgebung in sanftes Licht getaucht. Auch in der rechten Abbildung, in der die roten Farbknospen mit dem Grün der Blätter harmonieren, steht das helle Gelb im Kontrast zu den dunkleren Farbtönen.

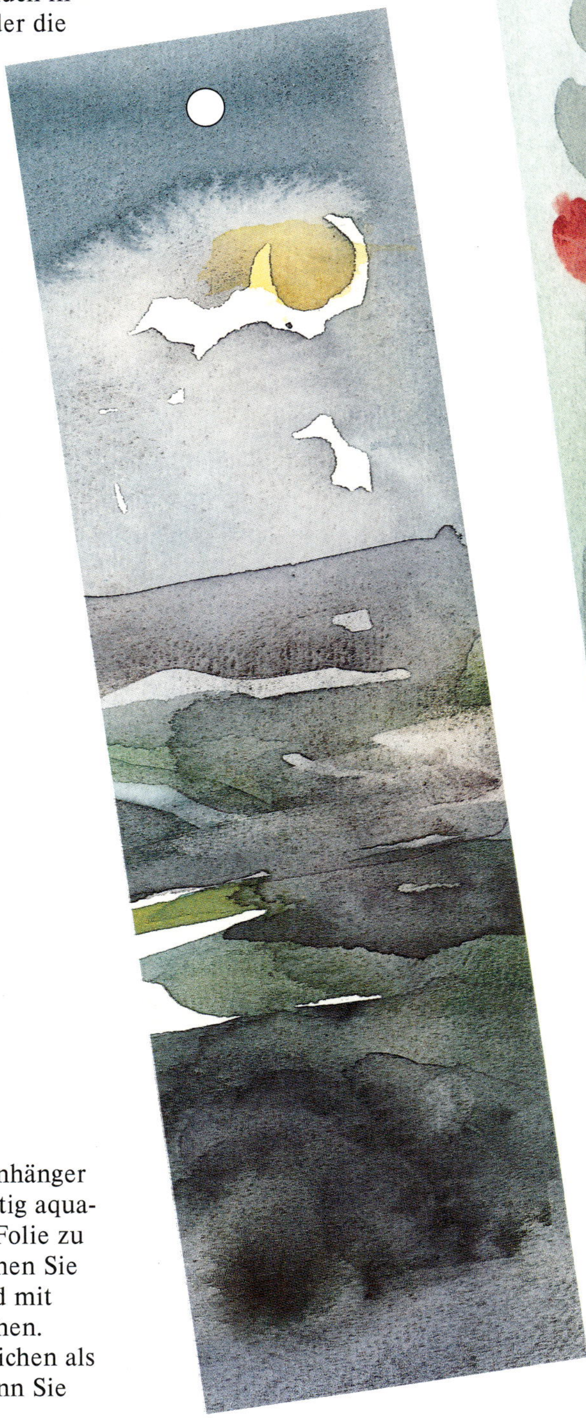

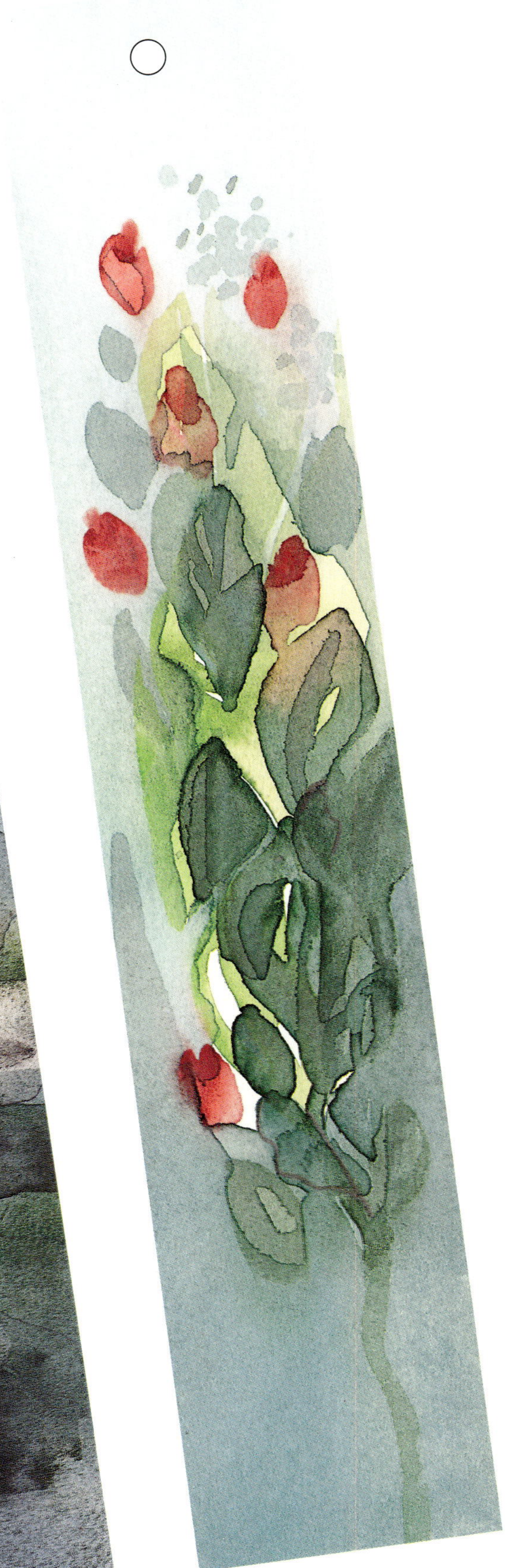

Wie auch beim Geschenkanhänger empfehle ich Ihnen, Ihr fertig aquarelliertes Lesezeichen mit Folie zu schützen. Zum Schluß können Sie Ihr Lesezeichen lochen und mit einer dünnen Kordel versehen.
Tip: Setzen Sie das Lesezeichen als Geschenkanhänger ein, wenn Sie ein Buch verschenken.

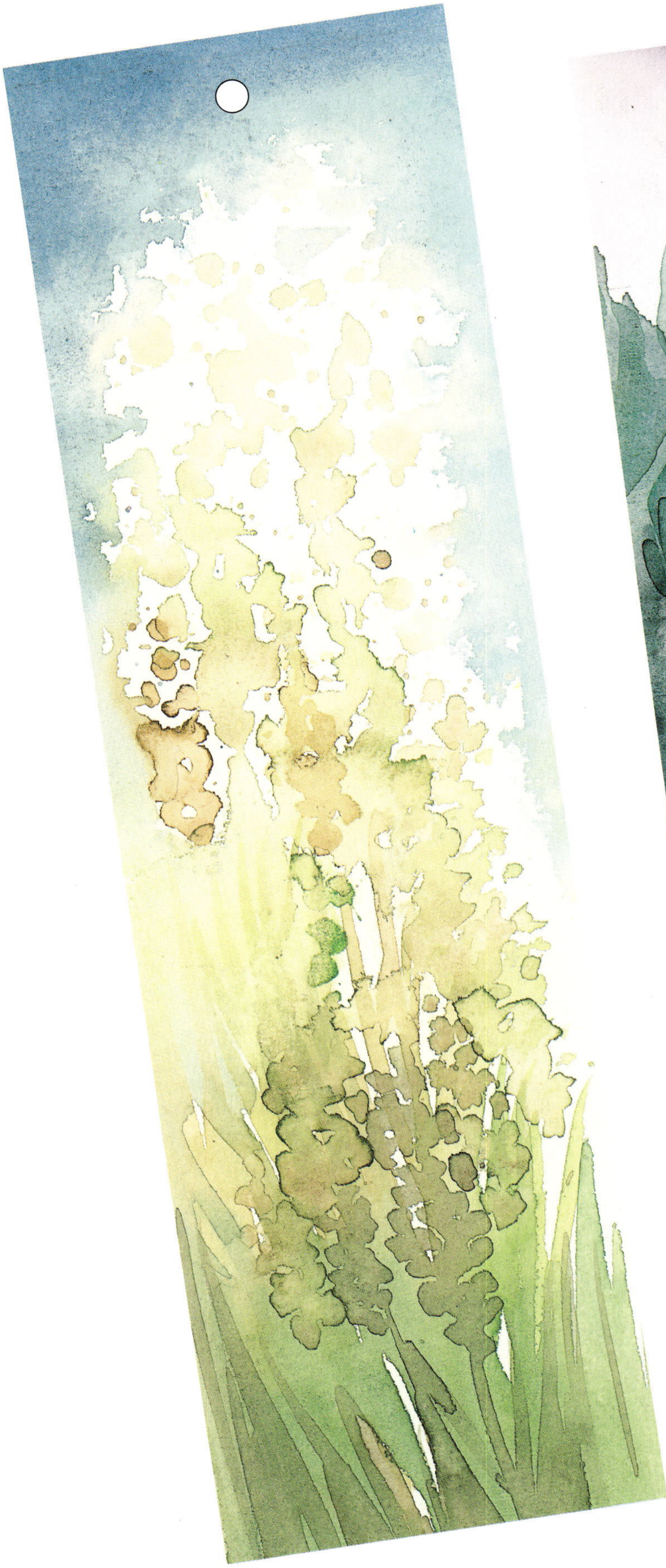

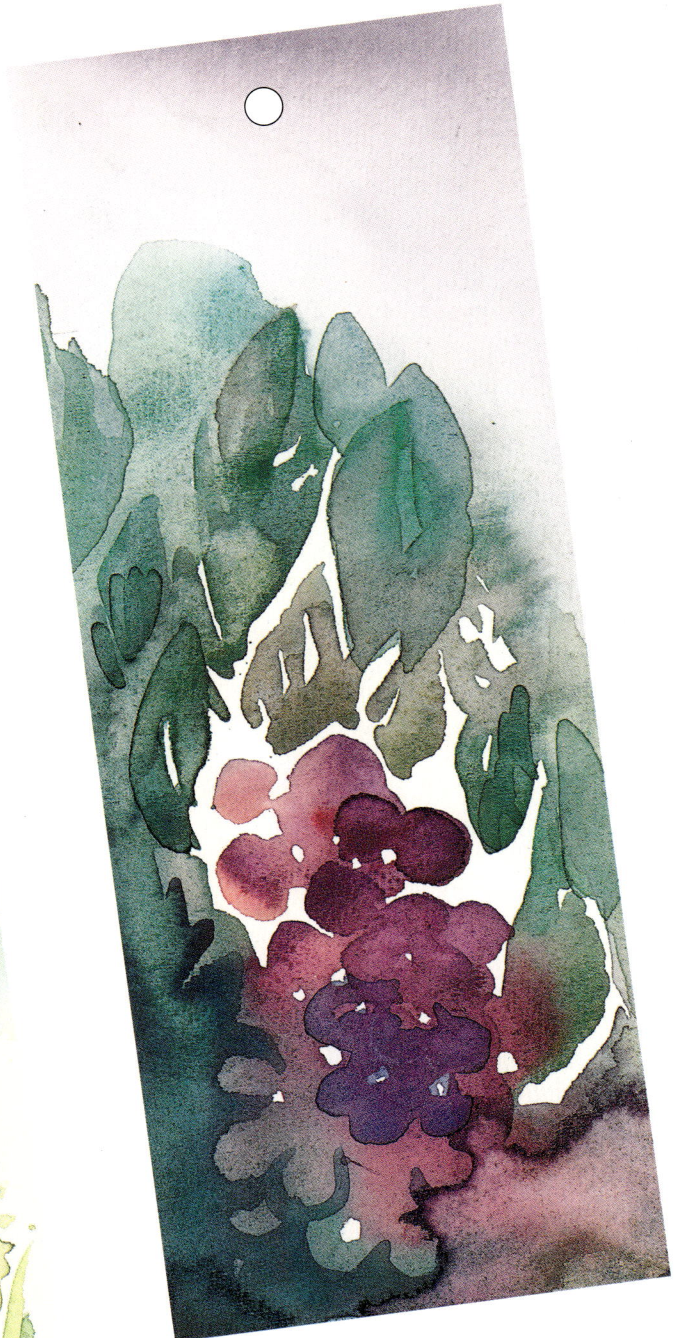

Auch bei diesen beiden Beispielen habe ich mit Farbwirkungen gespielt. Das rechte Bild wirkt durch viel ausgespartes Weiß und helles Pastellgelb. Die „Hortensie" ist dagegen sehr farbintensiv. Das ausgesparte Weiß bringt die kräftigen Grün- und Rottöne zum Leuchten.

Nachdem Sie Material und Aquarelltechniken kennengelernt und an einigen Beispielen gesehen haben, was man mit einem kleinen Aquarell alles anstellen kann, möchte ich Ihnen nun einige beliebte Aquarellthemen vorstellen. Wir werden in den folgenden Kapiteln verschiedene Motive betrachten, die Sie zur Nachahmung anregen sollen, kurze Erklärungen werden Ihnen helfen, den Ablauf der Malprozesse nachzuvollziehen.

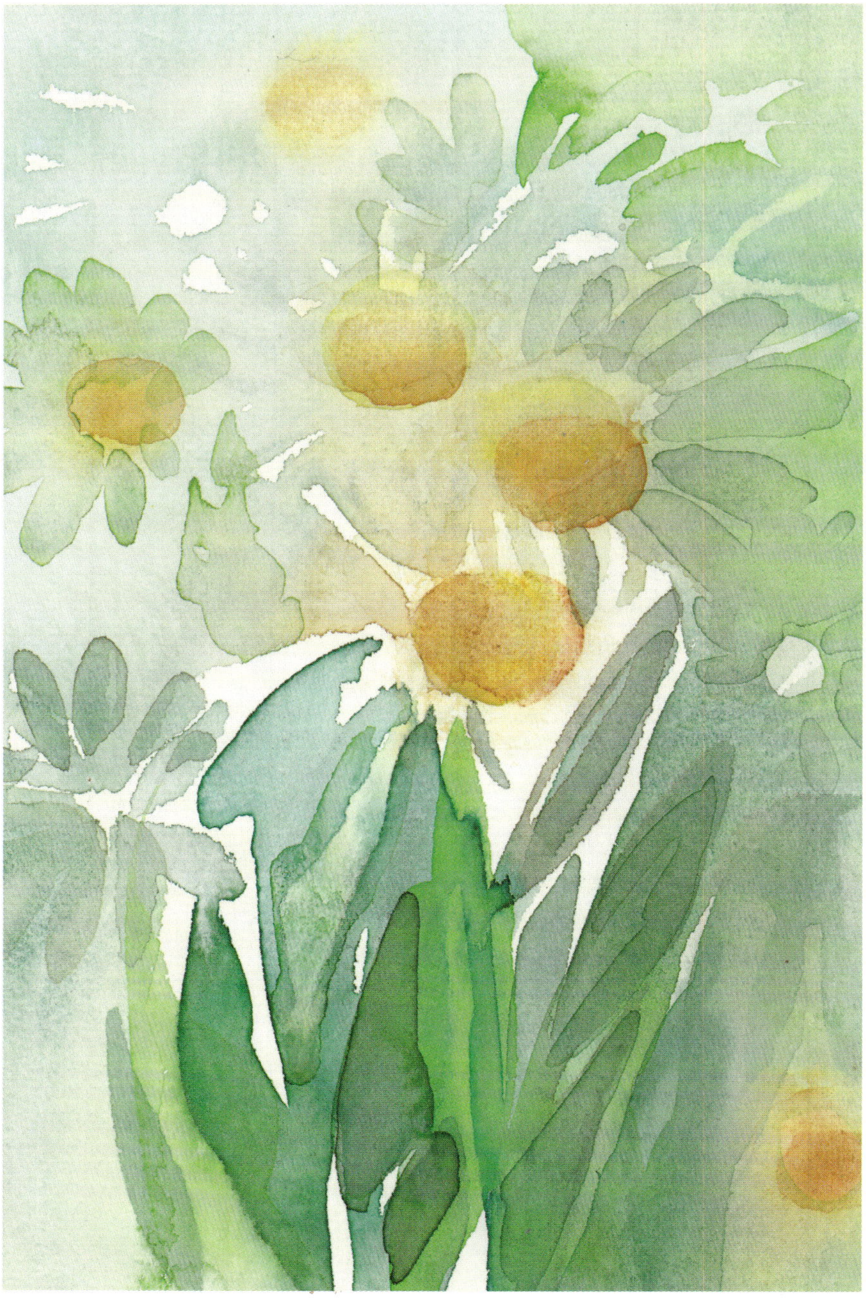

Diese großzügige, flächig angelegte Komposition verzichtet auf naturgetreue Wiedergabe von Einzelheiten. Die Blütenblätter im oberen Bildbereich wurden zum Teil im Schichtauftrag übereinandergesetzt, zum Teil naß in naß in den Hintergrund vermalt. Mich hat speziell das Spiel mit den Formkontrasten in diesem Bild gereizt. So treten die runden, sternförmig angeordneten Blütenblätter in wirkungsvollen Gegensatz zu den länglich aufstrebenden Formen der Blätter im unteren Bildteil. Ausgespartes Weiß lockert das Bild auf.

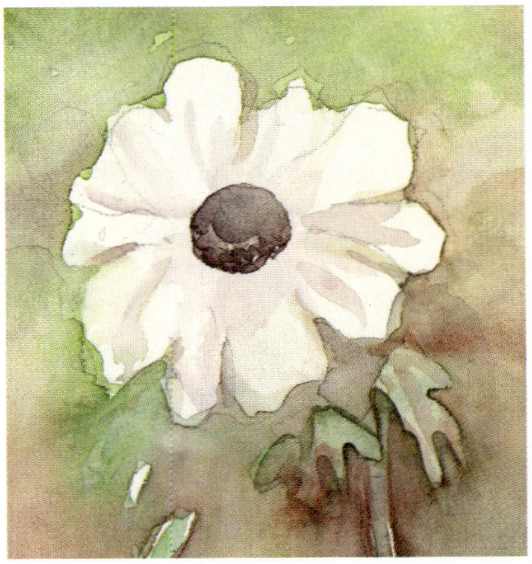

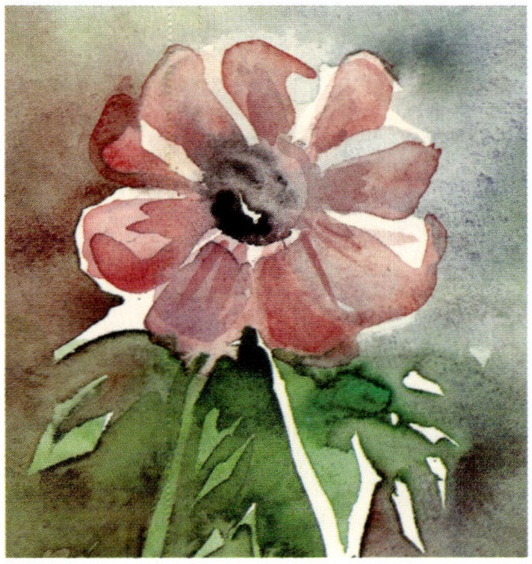

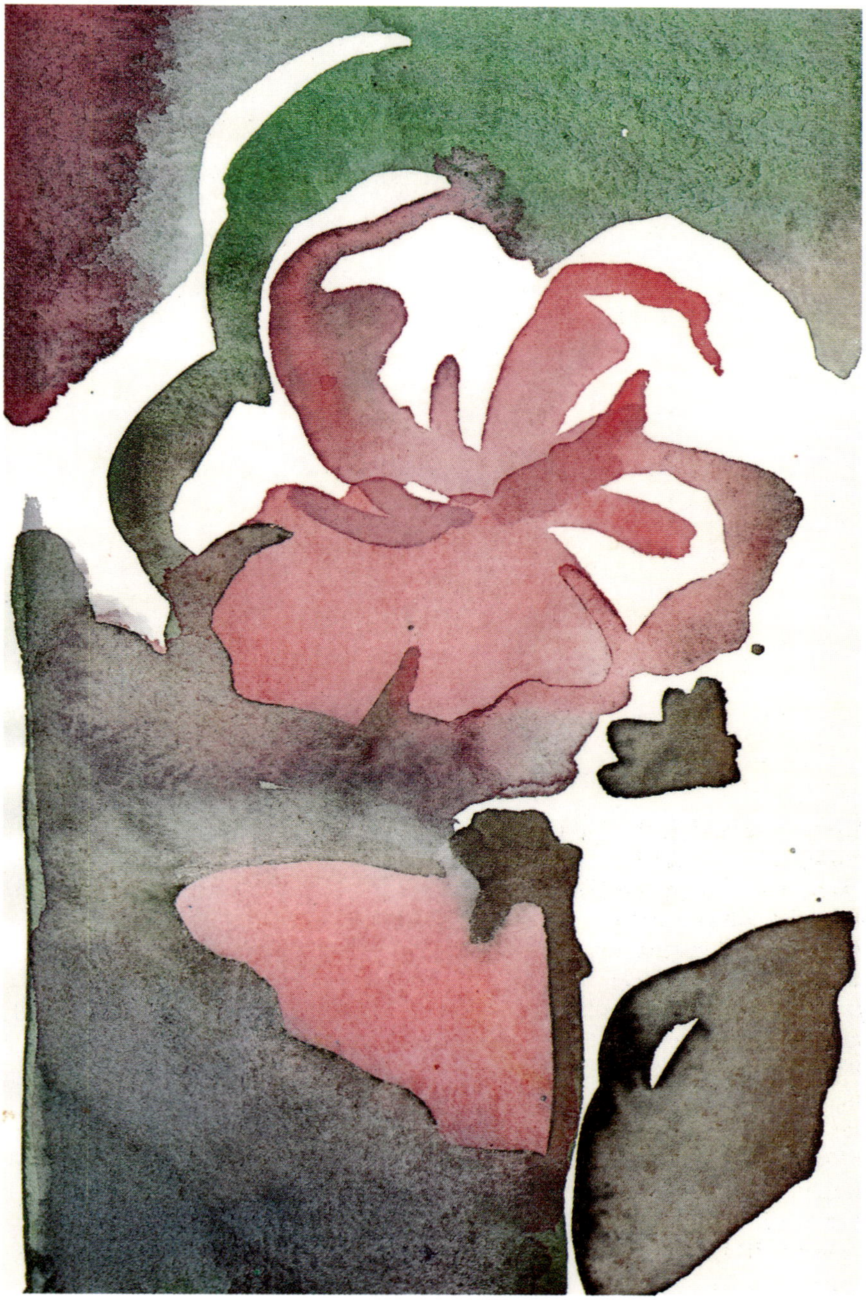

Studie mit weißer Anemone
In der oberen Abbildung habe ich mit dem Hintergrund begonnen. Ich wählte die Farben Grün und Braun, die ich mit viel Wasser vermalte. Die weiße Blüte wurde zunächst ausgespart. Später habe ich das Braun des Hintergrunds in den Blütenblättern und besonders im dunklen Zentrum des Motivs wiederholt. Es empfiehlt sich, Farben an verschiedenen Stellen des Bildes zu wiederholen. Diese Vorgehensweise schafft eine harmonische Bildwirkung und rundet den Gesamteindruck ab.

Studie mit roséfarbener Anemone
Im Gegensatz zum oberen Bild wurde hier zuerst die Blüte gemalt. Ich habe dazu mit viel Wasser verdünnten Krapplack verwendet. Nachdem die Blüte fertig war, befaßte ich mich mit der Gestaltung der Blätter und des Hintergrundes. Dabei sind manche Blätter weich in den feuchten Hintergrund vermalt, andere grafisch auf getrocknetes Papier gesetzt worden.

Roséfarbene Blüte
Auch bei dieser Rose wurde auf die Wiedergabe von Details weitgehend verzichtet. Die Darstellung ist dadurch fast abstrakt, die Komposition in Form und Farbgebung frei und großzügig. Zugleich stehen Blüte und Hintergrund in einem wirkungsvollen Kontrast. Der besonders nasse Farbauftrag des Hintergrundes, durch den die Farbe an manchen Stellen ausgeblüht ist, hebt das Innere der Blüte hervor, die auf trockenem Aquarellpapier mit wenigen Farbflächen und viel ausgespartem Weiß gestaltet wurde.

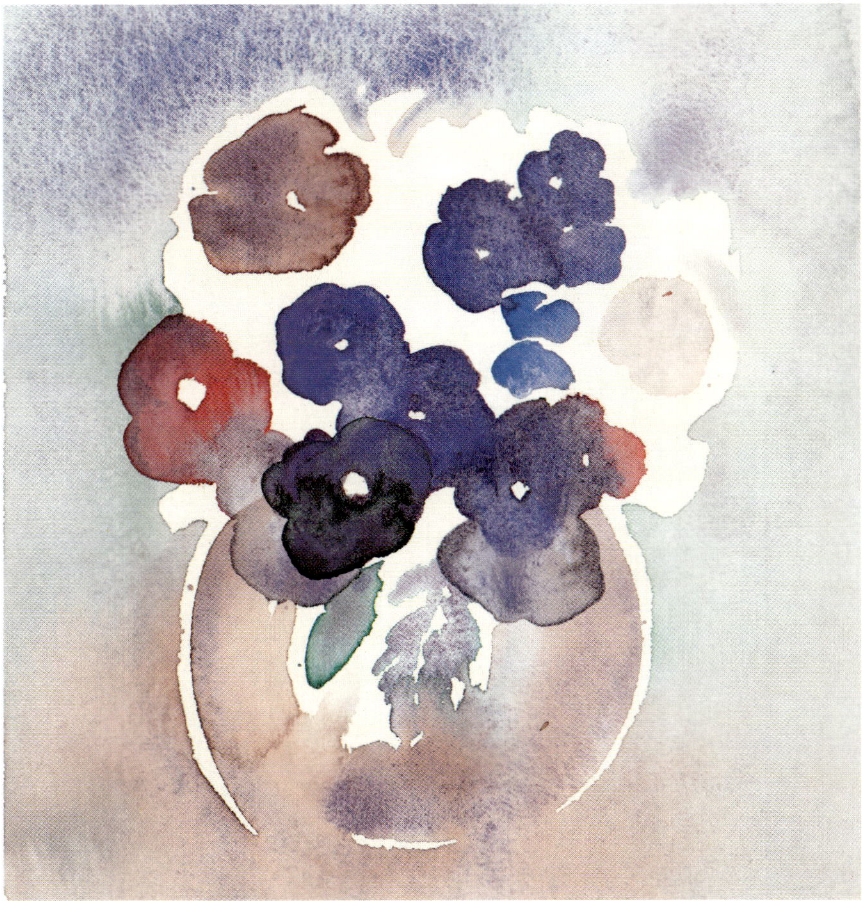

An dieser Stelle möchte ich Sie noch einmal auf zwei Charakteristiken der Aquarellmalerei aufmerksam machen. Achten Sie zum einen auf die gut sichtbare Struktur des Aquarellpapiers, die ihren Teil zur Bildwirkung beiträgt und als Gestaltungsmittel eingesetzt werden kann.
Zum anderen findet auch in diesen Bildern ein Grundsatz des Aquarellierens Anwendung, den wir schon in vielen vorangegangenen Beispielen beobachten konnten: Weniger ist oft mehr. Dies bedeutet nichts anderes, als auf eine naturgetreue Wiedergabe eines Motivs zu verzichten. Ziel des Aquarells ist es nicht, Details fotografisch festzuhalten. Ein Aquarell will die Stimmung, die Atmosphäre, das Typische eines Gegenstandes in sich aufnehmen, es lebt von seiner großzügigen Malweise. Reduzieren Sie darum Formen. Betrachten Sie die Blüten dieser Beispiele. Blütenkopf und Blätter sind oft nur durch „Farbflächen“ angedeutet. Auf die Darstellung der Blütenstiele wurde ganz verzichtet.

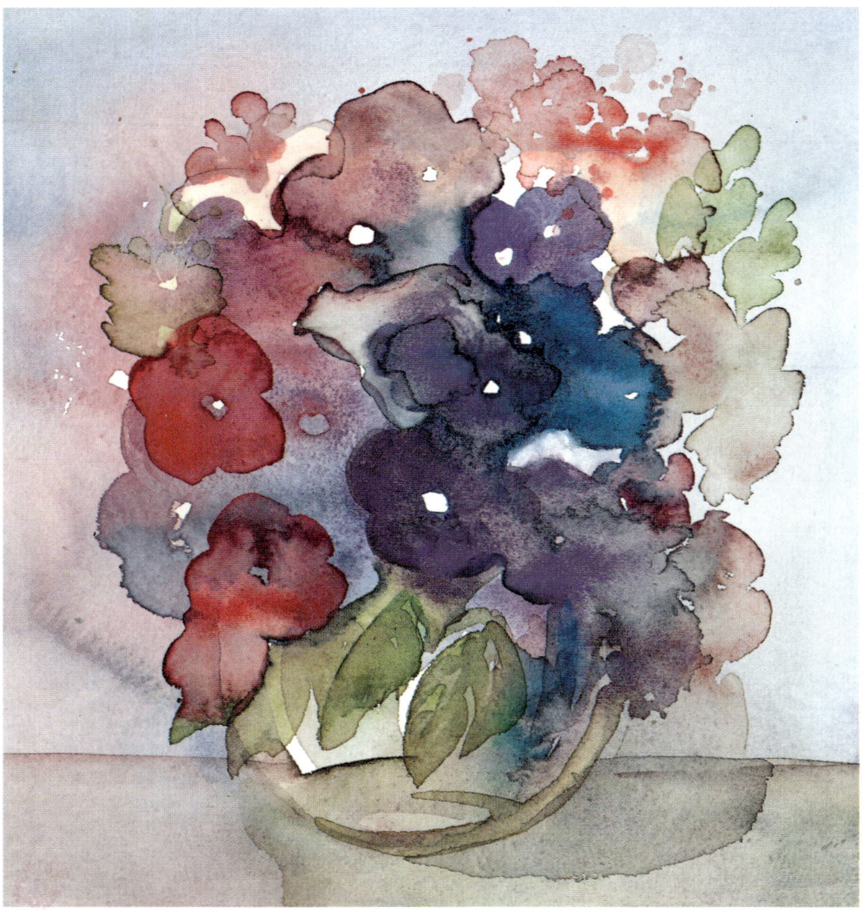

Blütenstrauß in Kugelvase
Hier können Sie einmal verfolgen, wie ein Blumenstrauß entsteht. In der ersten Stufe des Malprozesses wurden zunächst nur einige wenige Blüten aquarelliert. Rote und violette Anemonen dienten mir als Anregung, wobei ich mich bemühte, das Typische dieser Blumen einzufangen. Danach wurden der Hintergrund und die Blumenvase angelegt. Durch einige weiß ausgesparte Linien habe ich dabei die Form der Vase angedeutet.
Beim Hintergrund habe ich verschiedene Farben auf dem noch feuchten Papier vermalt. Dadurch wird eine monotone Farbwirkung vermieden, und das Bild erhält mehr Lebendigkeit. Kleine, weiße Flächen im Blütenstrauß habe ich bewußt beibehalten. Sie betonen einzelne Blüten und verhindern, daß der Strauß „zugemalt“ und „müde“ wirkt. Die Rot-und Violetttöne der Anemonen wurden sorgfältig aufeinander abgestimmt. Vorherige Mischversuche helfen dabei. Den Tisch habe ich als gerade Fläche auf den Hintergrund gesetzt.

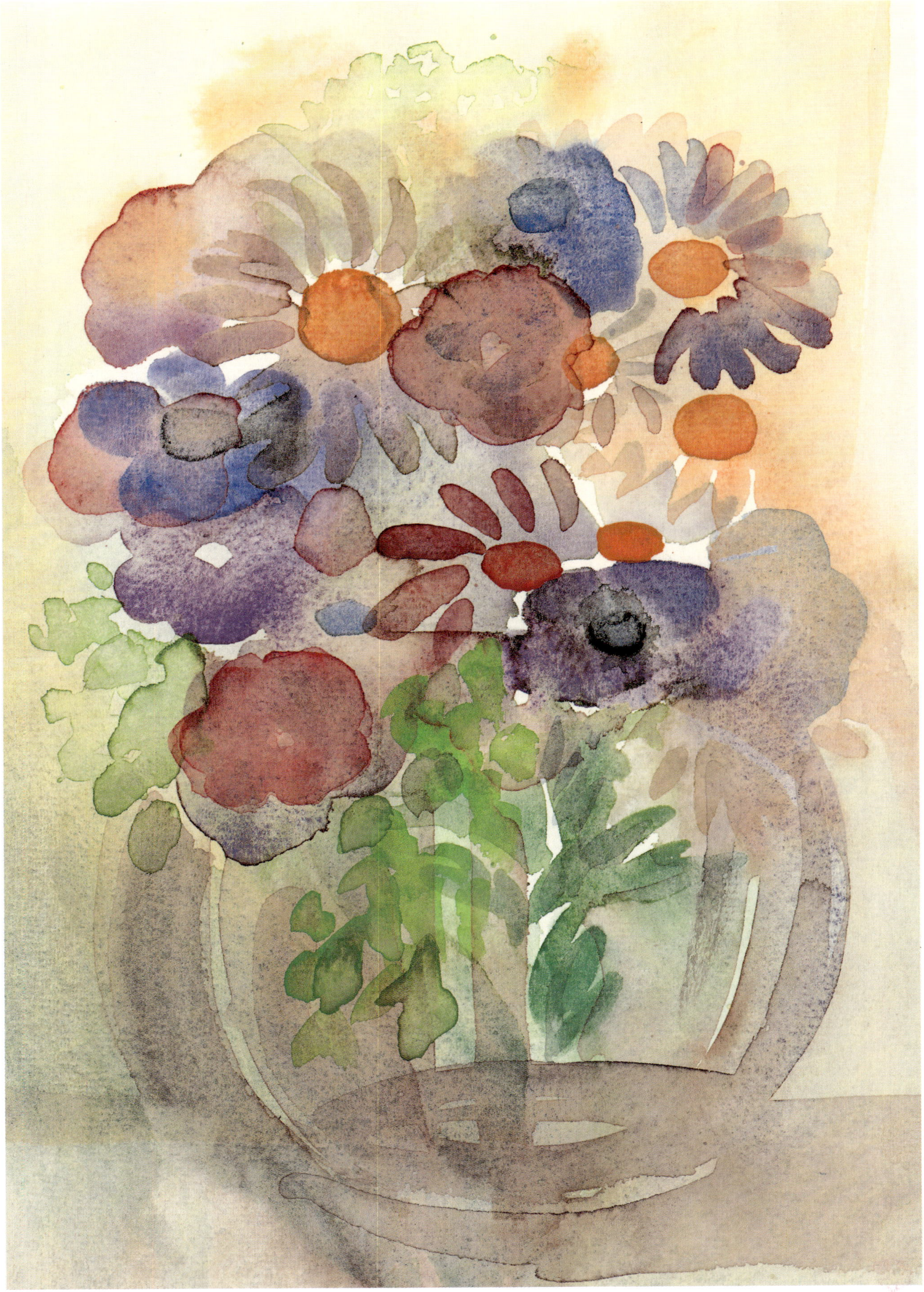

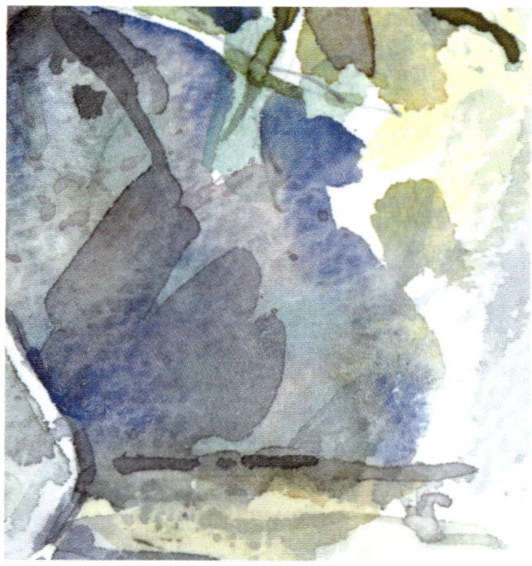

Hier können Sie ein Detail des Hintergrundes genauer betrachten. Die Blautöne sind offen auslaufend an den Bildrand gesetzt. Zudem wurde ein dunkleres Blau als Lasur über die erste Malschicht aufgetragen. Dies gibt dem Hintergrund Perspektive und läßt ihn tiefer erscheinen. Der Tisch wurde nur mit wenigen Strichen angedeutet. Das in ihm enthaltene Gelb wiederholt sich weiter oben.

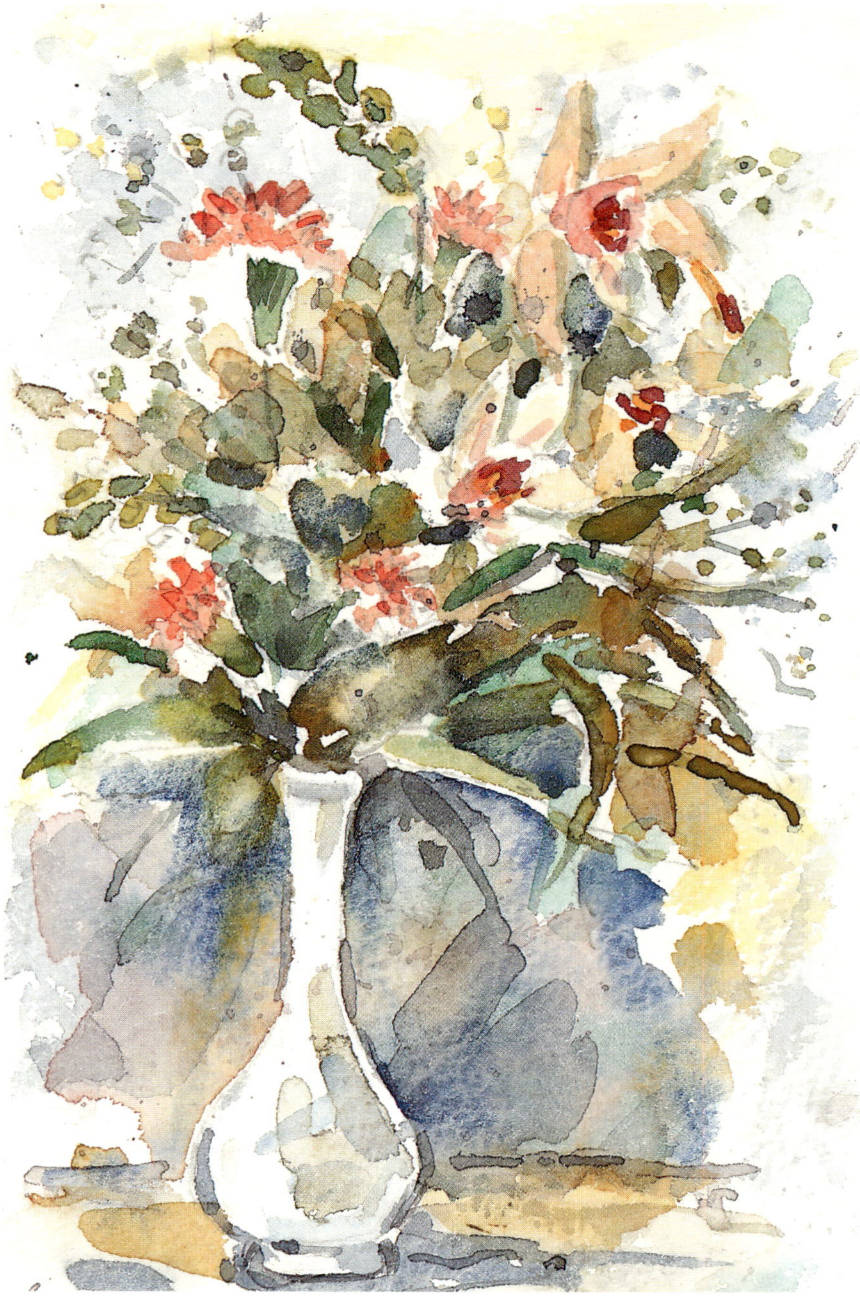

Nelkenstrauß in Rosé (Richard Braun)
Während hier die schlanke Vase etwas außerhalb der Bildmitte steht, wölbt sich der Nelkenstrauß zentrisch in die Bildmitte. Dadurch ist eine kompositorische Spannung erreicht, die das Aquarell interessant macht. Bei Blüten und Blättern wurde erneut auf Details verzichtet, um das Charakteristische der Pflanze zu erfassen.
Sehr lebendig wirkt dieses Bild auch durch seinen spontanen, frischen Farbauftrag. Einzelne Farbspritzer im Bereich des Straußes verleihen ihm eine besondere Note. An den Bildrändern ist das Aquarell „offen“ gestaltet. Diesen Ausdruck verwendet man, wenn das Gemalte in das Weiß des Papiers ausläuft.
An diesem Beispiel können Sie auch gut erkennen, daß in einem farblich harmonisch gestalteten Bild eine Farbe nicht isoliert an nur eine Stelle des Aquarells gesetzt werden sollte. Wenn die gleiche Farbe sich heller oder dunkler in der Bildfläche wiederholt, stiftet das eine innere Verbindung in der Komposition, die für das Auge des Betrachters angenehm ist. So findet sich hier z. B. Ultramarinblau im Hintergrund, in der Vase und, etwas wäßriger und heller, im oberen Farbauftrag innerhalb des Blütenstraußes. An welchen Stellen der Komposition Sie eine Farbe wiederholen wollen, bleibt ganz Ihrem farblichen Empfinden überlassen.

Mit den Bildern auf diesen beiden Seiten möchte ich Ihnen zeigen, wie vielfältig das Thema „Blumenstrauß“ umgesetzt werden kann.

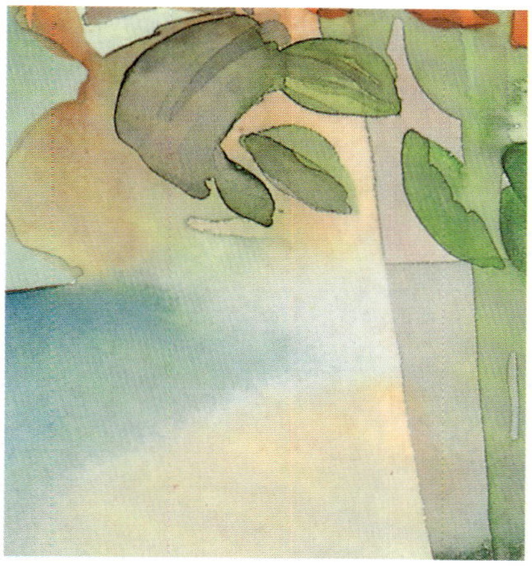

Sehr gut können Sie hier noch einmal die graphisch-lineare Wirkung erkennen, die durch die Malweise auf trockenem Untergrund entstanden ist: so zum einen auf trockenem Papier (Tisch, linke Hälfte der Vase) und zum anderen im Schichtauftrag auf die gut getrocknete untere Farbschicht (Blätter, rechte Hälfte der Vase).
Die Linie des Tisches ist auch hinter der schlanken Vase noch sichtbar und deutet damit die Transparenz des Glases an. Um eine solche Wirkung bei Glas zu erzielen, sollte der Farbauftrag besonders leicht und behutsam sein.

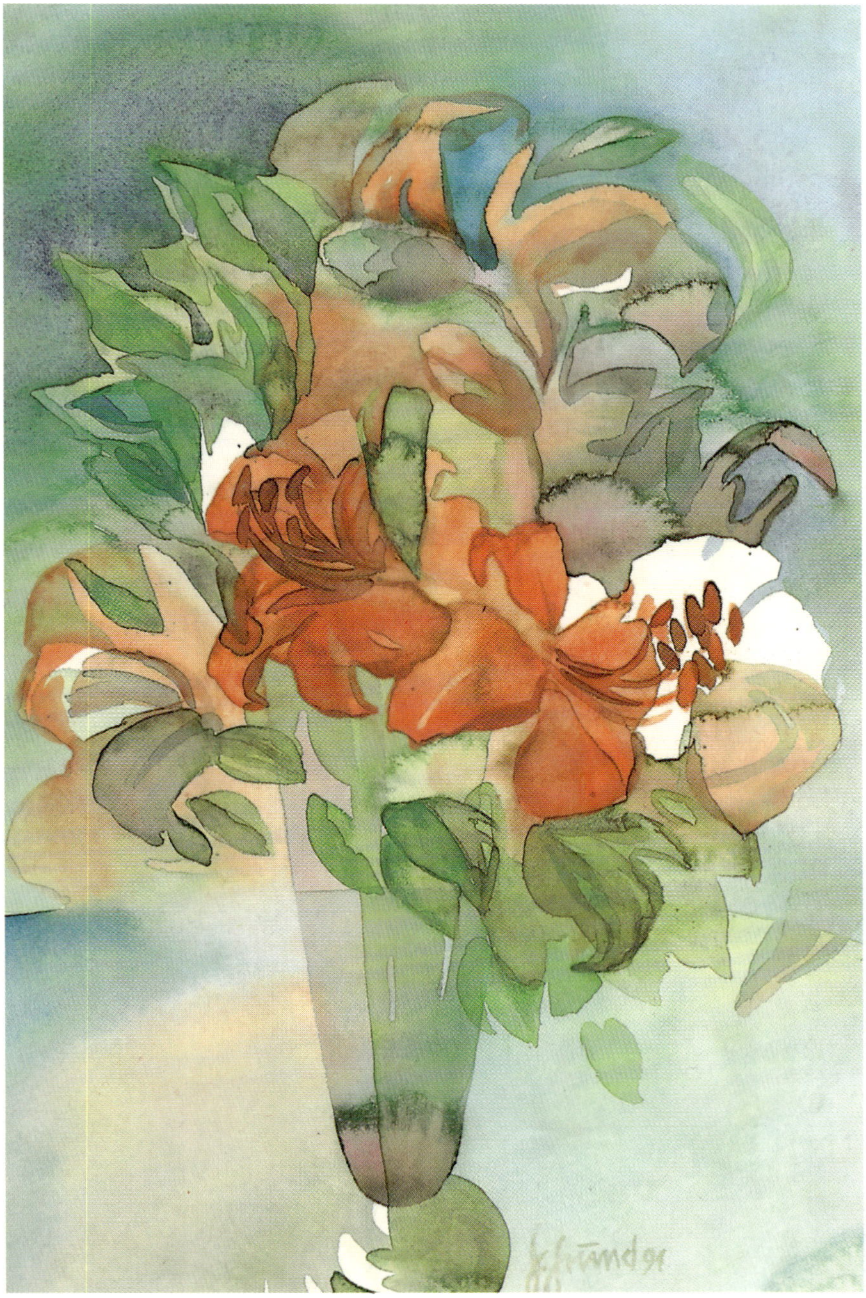

Lilien im Glas
Dieses Aquarell wirkt durch seine Gegensätze. Der Blütenstrauß ist dicht und üppig in die Bildmitte gemalt. Die Form der Blätter umkreist bewegt die großen, geschwungenen, orangefarbenen Blüten. In kontrastreicher Spannung dazu stehen die streng grafische schlanke Vase und der weich lavierte Hintergrund.

Die Fläche des Tisches wurde wäßrig von hellem Orange zu kräftigem Coelinblau laviert. Mit der Darstellung der Glasvase wurde erst begonnen, nachdem diese Malschicht schon trocken war. Für sie habe ich eine Mischung aus Grau (d. h. Schwarz mit viel Wasser) und Grün gewählt.
Denken Sie daran: Beim Aquarellieren entwickelt sich der Malprozeß stets von helleren zu dunkleren Farbtönen. So wurden auch in diesem Bild die starkfarbigen Blätter als letztes gemalt. Die kräftigen Konturen erhalten Sie, indem Sie die Farbe mit der Pinselspitze an den äußeren Rand der gemalten Form drängen. Dadurch erzielt man eine grafische Wirkung.

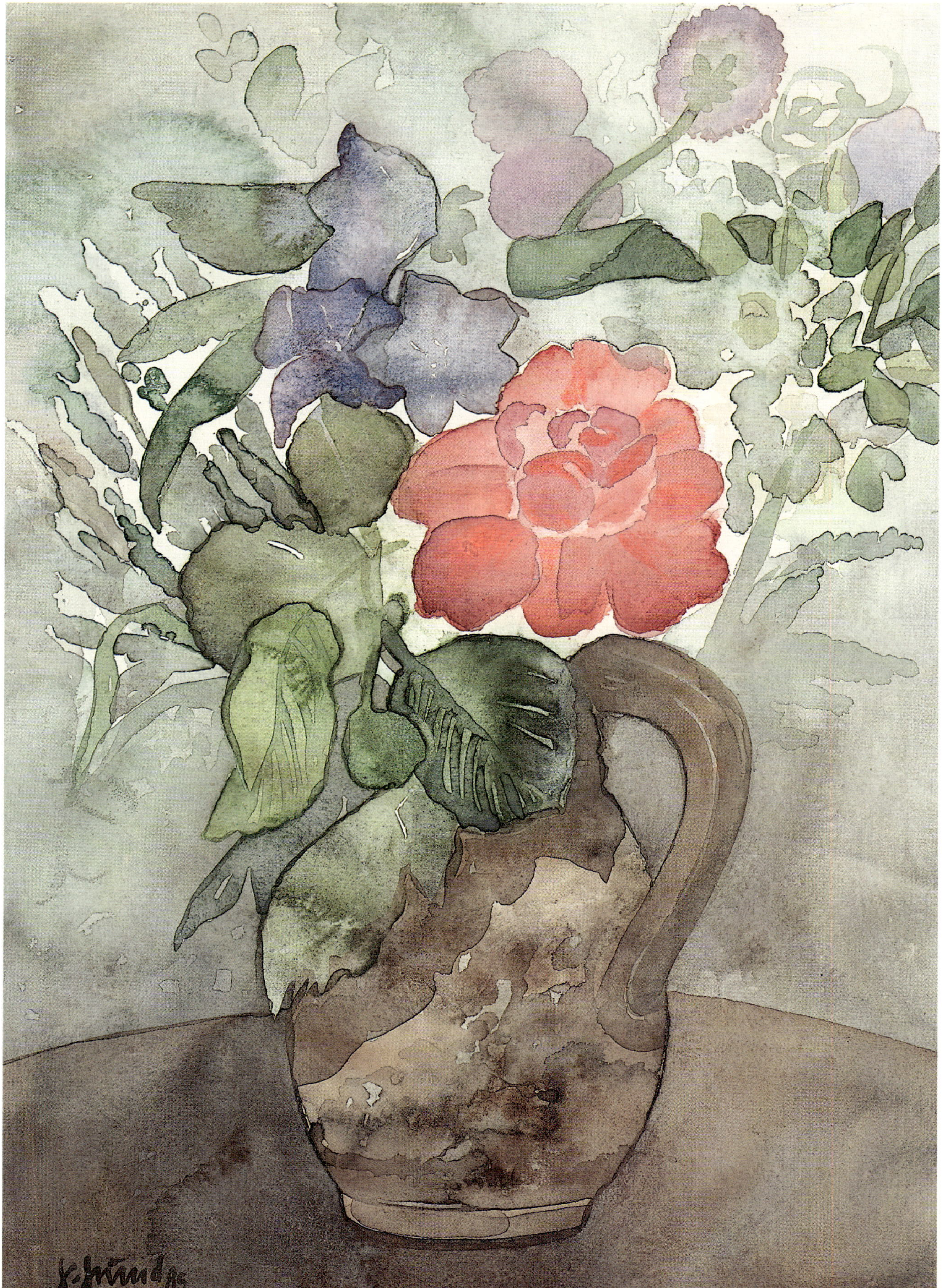

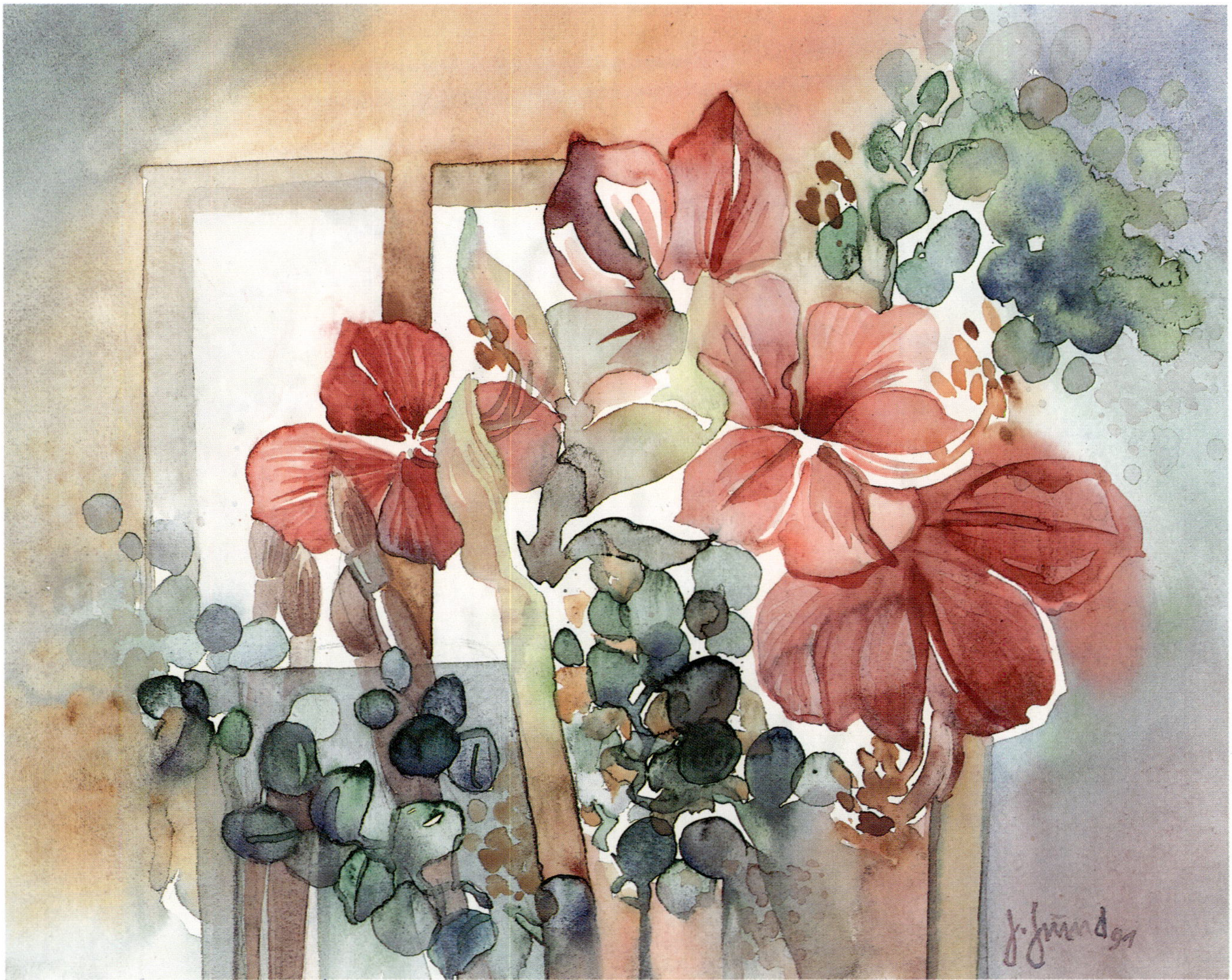

Blütenstrauß im Krug

Das linke Bild lebt von seinem Zentrum: der roten Blüte. Mehrere Komponenten spielen zusammen, um diese besondere kompositorische Wirkung zu erzielen. So scheint die Blüte zum einen durch eine weiß ausgesparte Umrandung fast isoliert und zieht damit den Blick des Betrachters auf sich. Zum anderen hebt ihre graphische Malweise sie von den abstrakt gehaltenen Blättern und Blüten des Hintergrundes ab. Unterstützt wird die Wirkung weiterhin durch die Farbgebung. Sowohl die dunklen Grüntöne der Blätter, die die rote Blüte links zu umranken scheinen, als auch die Brauntöne des Kruges und des Tisches treten farblich hinter dem Rot zurück. Gegenüber den hellen Pastellfarben des Hintergrundes und der lila Blüten tritt das Rot leuchtend hervor.

Amaryllis am Fenster

Auch diese Komposition – im Querformat angelegt – lebt von farblichen und formalen Kontrasten.
Die Blüten sind dicht aneinandergereiht, füllig gestaltet und etwas in die rechte Bildhälfte versetzt. Die geradlinigen Stiele der Amaryllis heben sich vorteilhaft von den rundlichen Blättern ab und wirken daher nicht zu streng. Der Hintergrund ist naß in naß mit verschiedenen Farben (Rosé, Blaugrün und Ocker) angelegt.
Die hellen Töne unterstützten dabei das kräftige Rot und Blaugrün des Vordergrundes. Besonders stark tritt in dieser Gestaltung der klar umrissene Fensterrahmen hervor.

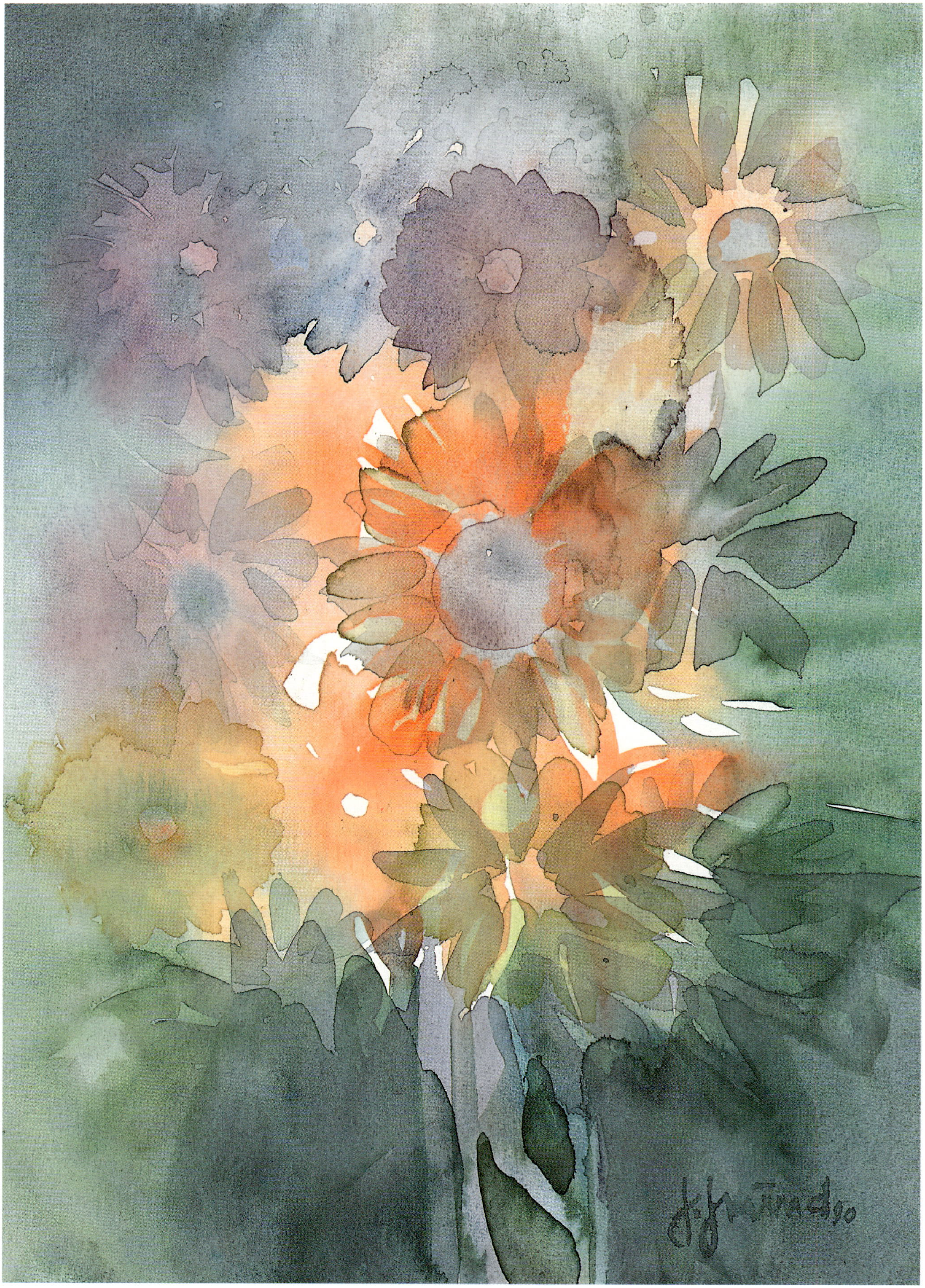

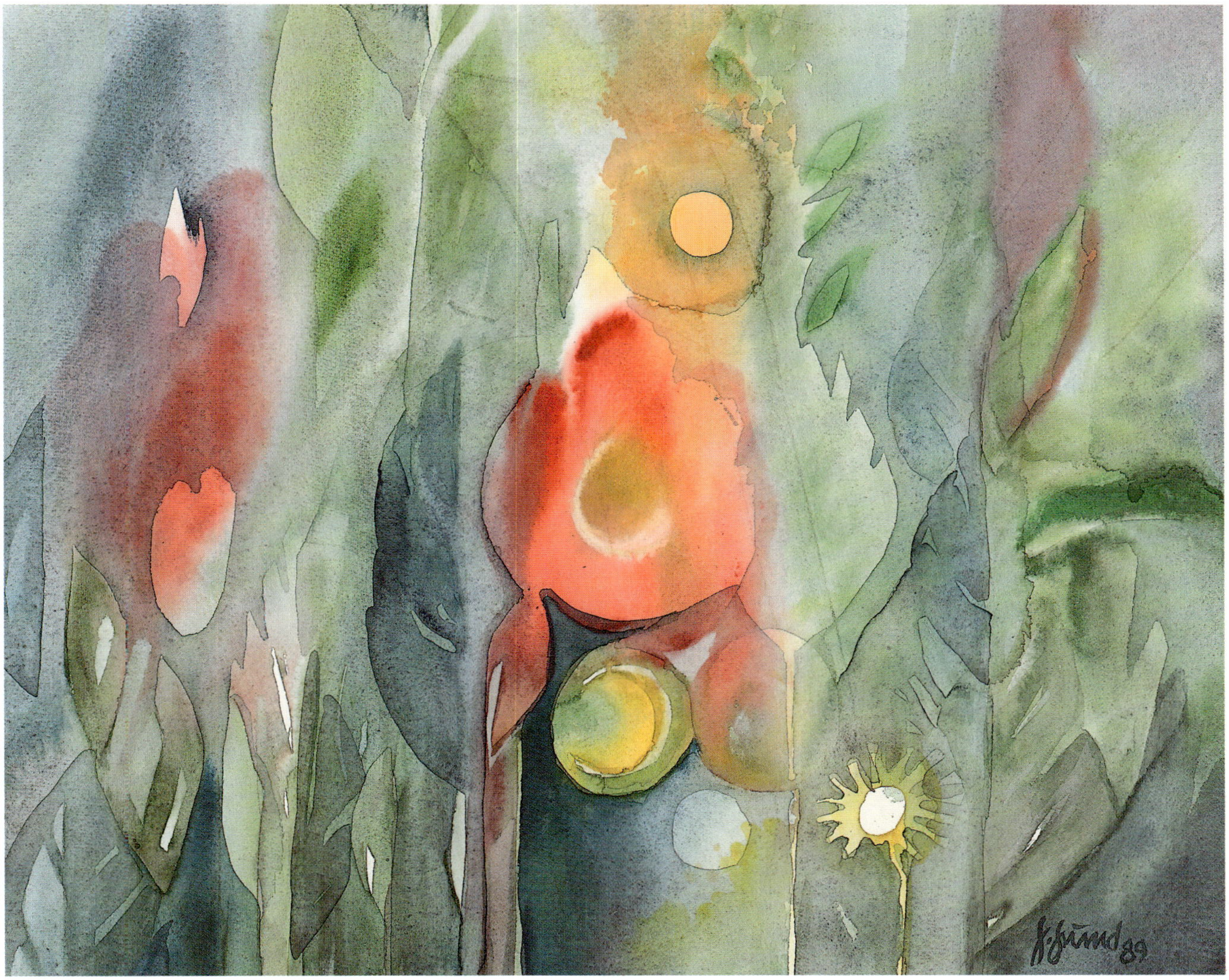

Kleine Sonnenblumen
In den folgenden beiden Aquarellen habe ich mich noch mehr als sonst von einer naturalistischen Wiedergabe des Motivs entfernt. Sollten Sie sich das erste Mal an eine solche freie Impression wagen, kann ich Ihnen empfehlen, sich – zumindest für die Grundformen – Vorbilder in der Natur zu suchen. Deutlich können Sie z. B. im ersten Bild erkennen, daß mir Sonnenblumen als Anregung für die Gestaltung des Aquarells dienten. Im ersten Malschritt habe ich naß in naß mit hellen Farben gearbeitet. Nach gutem Austrocknen der ersten Malschicht habe ich dann die Farben im Schichtauftrag langsam „verdichtet" und farblich intensiver gestaltet.

Komposition mit Blüten (rechts)
Rechts sehen Sie ein besonders schönes Beispiel abstrahierter Blütenformen. Im Aquarell selber wurden alle Maltechniken eingesetzt, die Sie schon kennengelernt haben. Ich habe sowohl naß in naß, als auch auf trockenem Papier und (an manchen Stellen) im Schichtauftrag gearbeitet. Gerade in den Blattformen des Hintergrundes können Sie die verschiedenen Techniken gut erkennen. Klare Abgrenzungen stehen harmonisch neben weichen, fließenden Gestaltungsformen.
Das Gelb und Rot der stilisierten Blüten treten durch ihre Einbindung in die blaugrünen Töne des Hintergrundes leuchtend hervor.

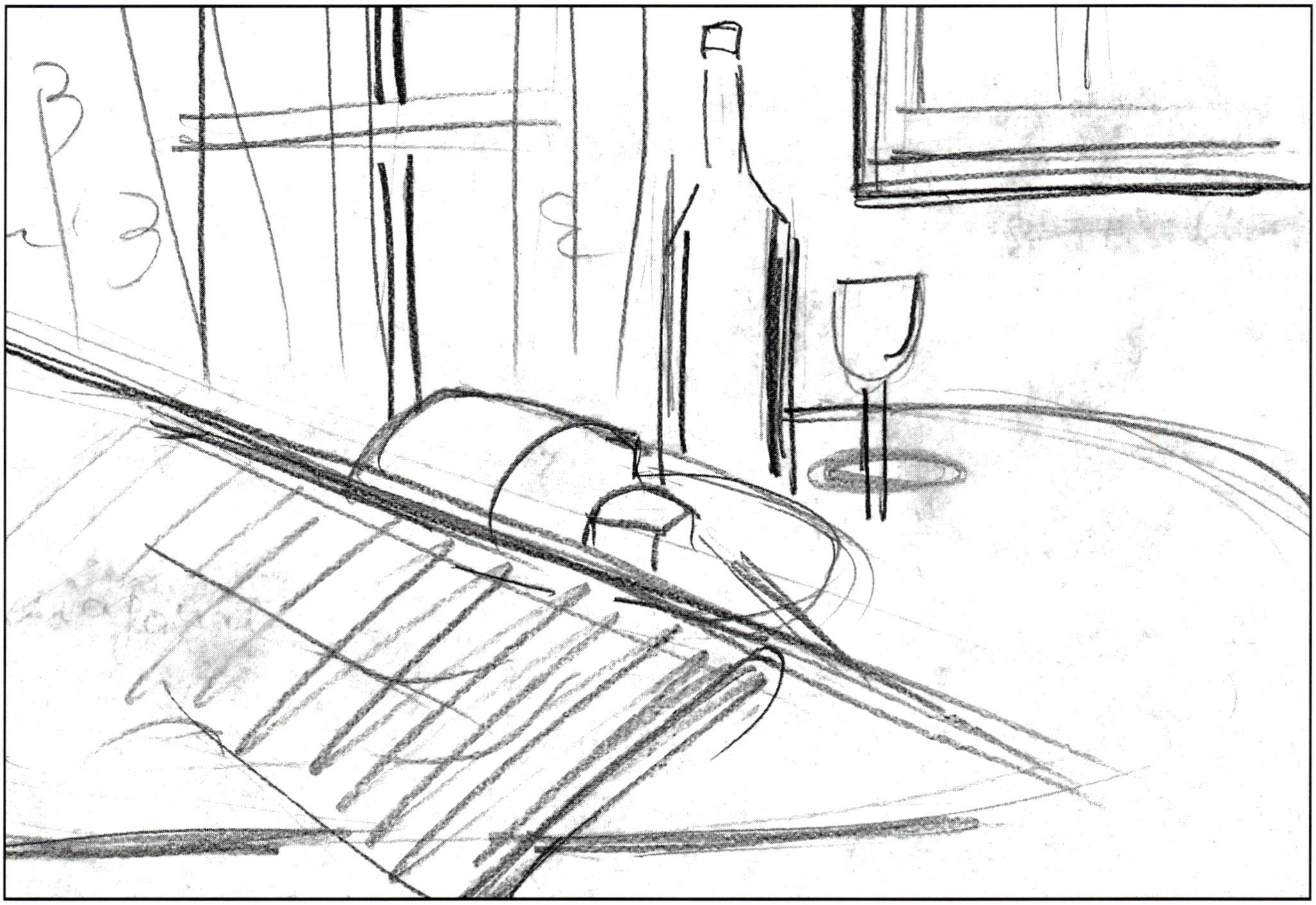

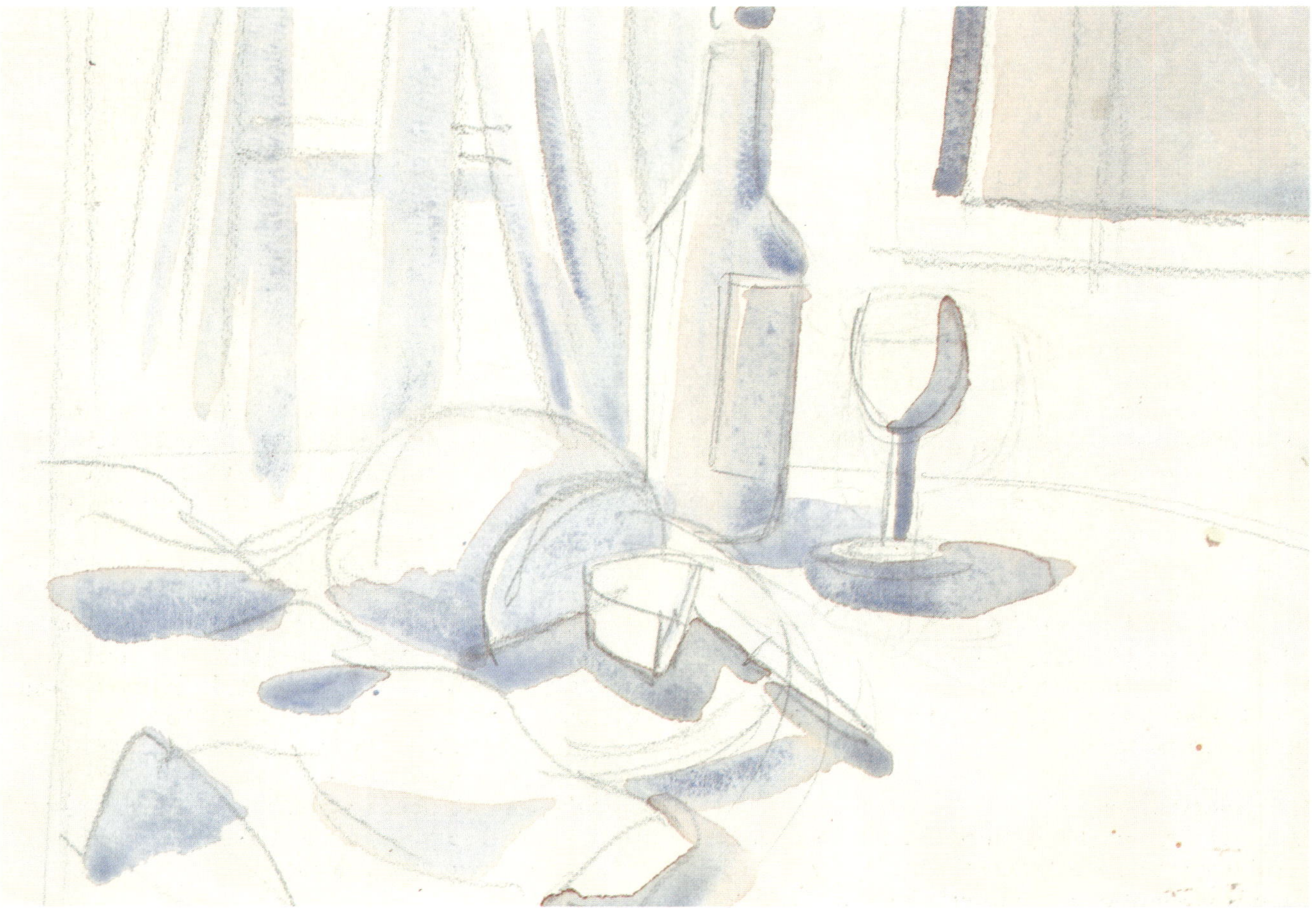

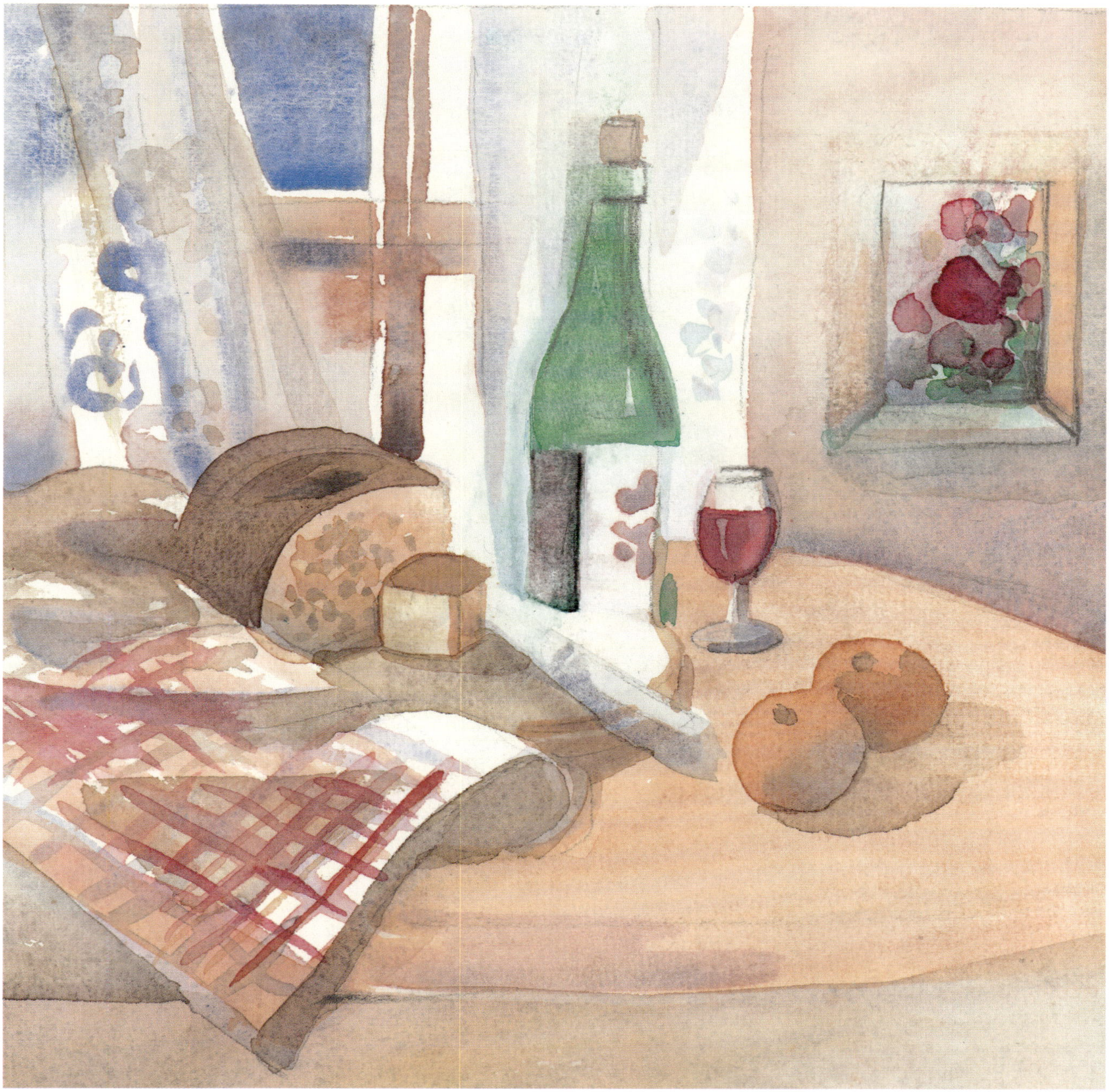

Die Bleistiftskizze

Da Sie sich beim Malen eines Stillebens mit mehreren verschiedenen Gegenständen auseinandersetzen müssen, ist es ratsam, zunächst eine oder mehrere Bleistiftskizzen anzufertigen, in denen Sie die Komposition Ihres Motivs variieren, um sich über den endgültigen Bildaufbau klarzuwerden. In unserem Beispiel wurde das Stilleben auf einer Ellipse, dem Tisch aufgebaut. Tuch, Brot und Messer reihen sich auf ihm diagonal hintereinander. Dagegen sind die Flasche, das Glas, das Fenster und das Bild im Hintergrund als Kontrast vertikal angeordnet.

Licht und Schatten

In der zweiten Abbildung sehen Sie, daß ich einer Bleistiftskizze lavierend Schatten hinzugefügt habe. Auch diese Vorgehensweise ist eine empfehlenswerte Vorübung. Bevor man Schatten malt, muß man sich vergegenwärtigen, aus welcher Richtung der Lichteinfall kommt und wie stark die Gegenstände beleuchtet sind. Danach richtet sich, wo der Schatten eines Gegenstandes liegt und welche Form er hat.

Farben sind Träger einer bestimmten Atmosphäre und von daher bei einem Stilleben von entscheidender Bedeutung. Hier habe ich sanfte Brauntöne gewählt, die das gesamte Bild beherrschen, das Grün der Flasche sticht etwas hervor, wird aber durch die Wiederholung auf dem Wandbild harmonisch aufgefangen. Alles in allem vermittelt das Bild die Stimmung eines friedlichen Spätnachmittages.

Um die Komposition abzurunden, habe ich die beiden Früchte hinzugenommen. Der Tisch wäre sonst auf der rechten Seite zu leer geblieben.

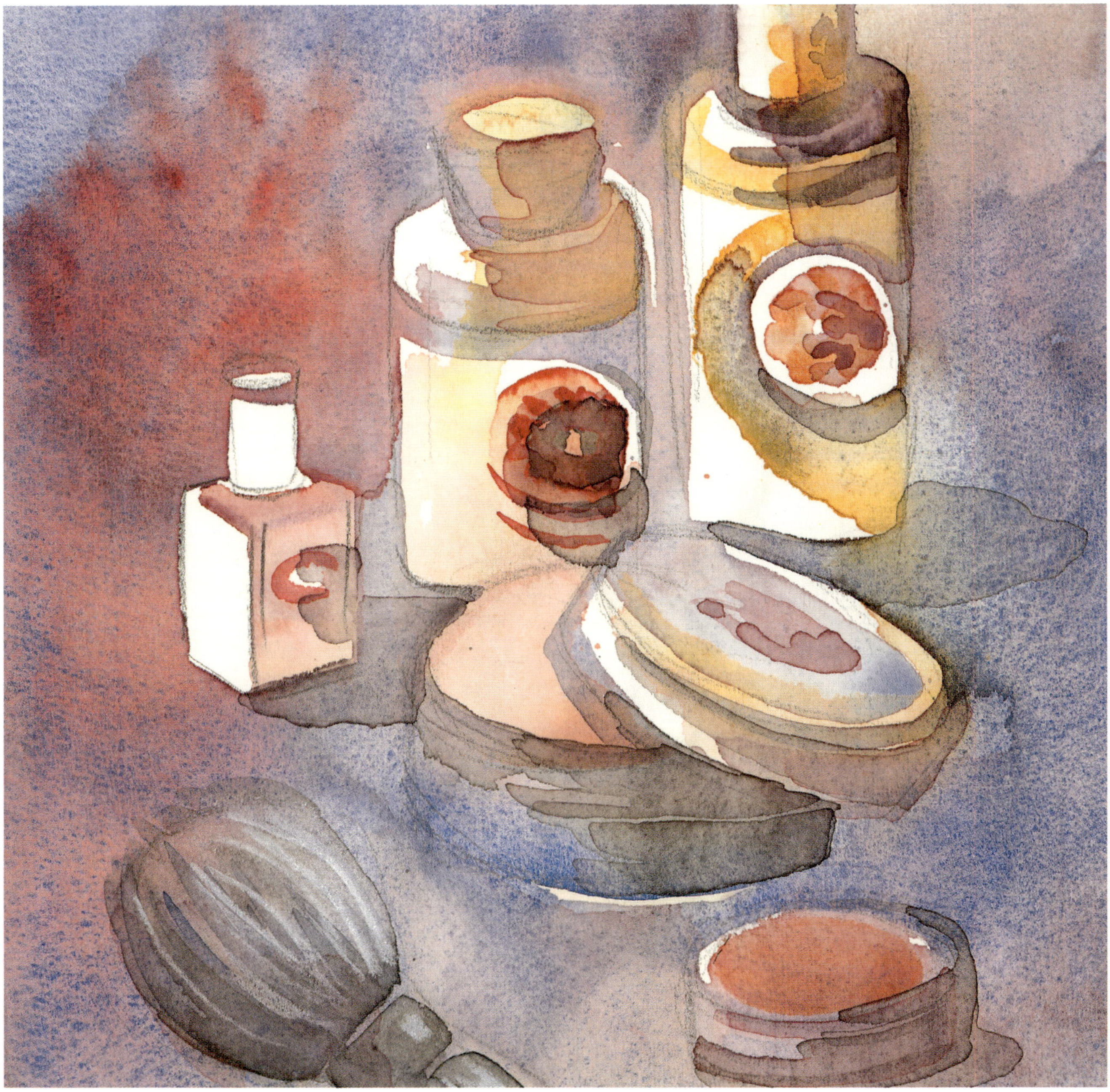

Parfümflasche mit Puderdose
Wenn Sie einmal nicht wissen, was Sie malen sollen, und unruhig auf Motivsuche sind, blicken Sie sich einfach im Zimmer um. Oft sind es die kleinen alltäglichen Dinge, die ein reizvolles Thema für ein Aquarell darstellen. Hier z. B. entstand aus verschiedenen Kosmetikartikeln ein Stilleben ganz eigener Art.
Die große Parfümflasche und der Kosmetikspiegel sind angeschnitten dargestellt. Dadurch wird die Komposition interessanter und die Zufälligkeit, ausgedrückt auch durch die geöffnete Puderdose, unterstrichen. Neben den Schatten, die stets auf der rechten Seite liegen, zeigen die weiß ausgesparten Stellen, daß das Licht von links auf die Gegenstände fällt.

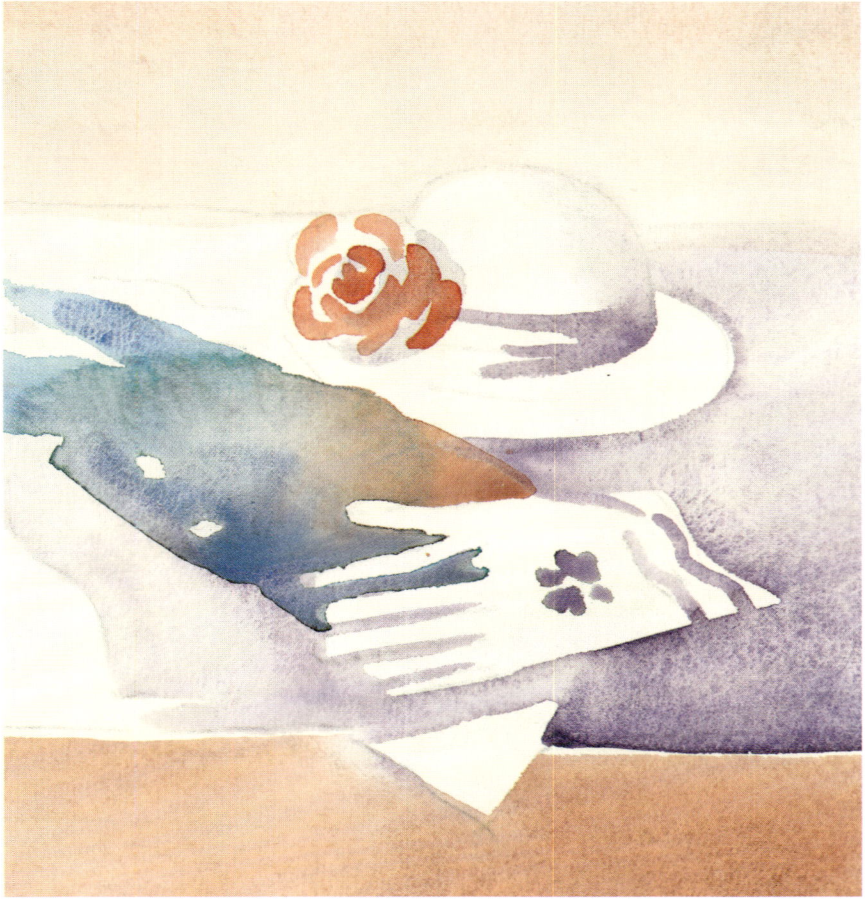

Ein „modisches“ Stilleben
Schritt 1. Dieses Aquarell ist in Violett- und Brauntönen gehalten. Sie sehen, daß im ersten Schritt viel Weiß stehengelassen wurde. Damit erhalten Sie sich die Möglichkeit, zunächst die Wirkung weniger Farben zu betrachten und sich dann in Ruhe die weitere Farbgebung klar zu überlegen. Bei der Komposition habe ich darauf geachtet, daß sowohl die Rundung des Hutes als auch das Dreieck des Tuches die horizontale Linie des Tisches durchbrechen. Die Anordnung wäre sonst schnell zu streng oder eintönig geworden.

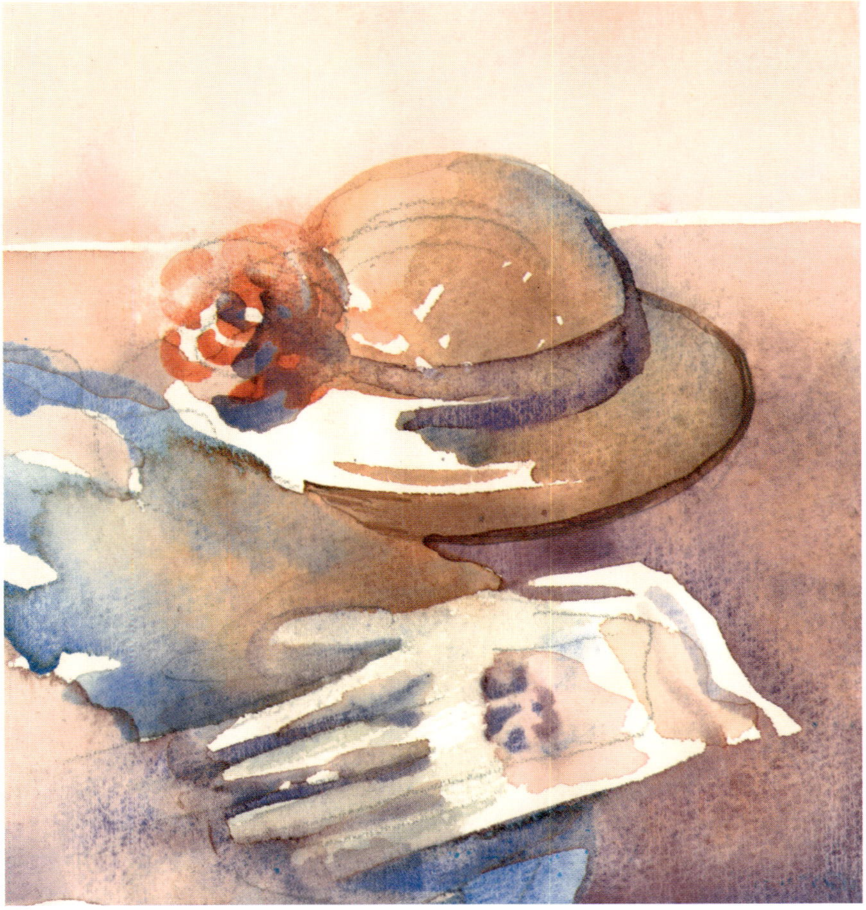

Schritt 2. Die Farben sind nun mit lavierendem Auftrag verdichtet worden. Dabei kommt es zu einem schönen Wechselspiel zwischen kräftigen Farben im Vordergrund und hellen Pastellfarben im Hintergrund. Zugleich wird dadurch Raumtiefe gewonnen.

Eine ganz andere Art von Stilleben erhalten Sie, wenn Sie das Aquarellieren mit einer Tuschezeichnung kombinieren. Die Wirkung dieser Technik können Sie an diesen Abbildungen gut erkennen.

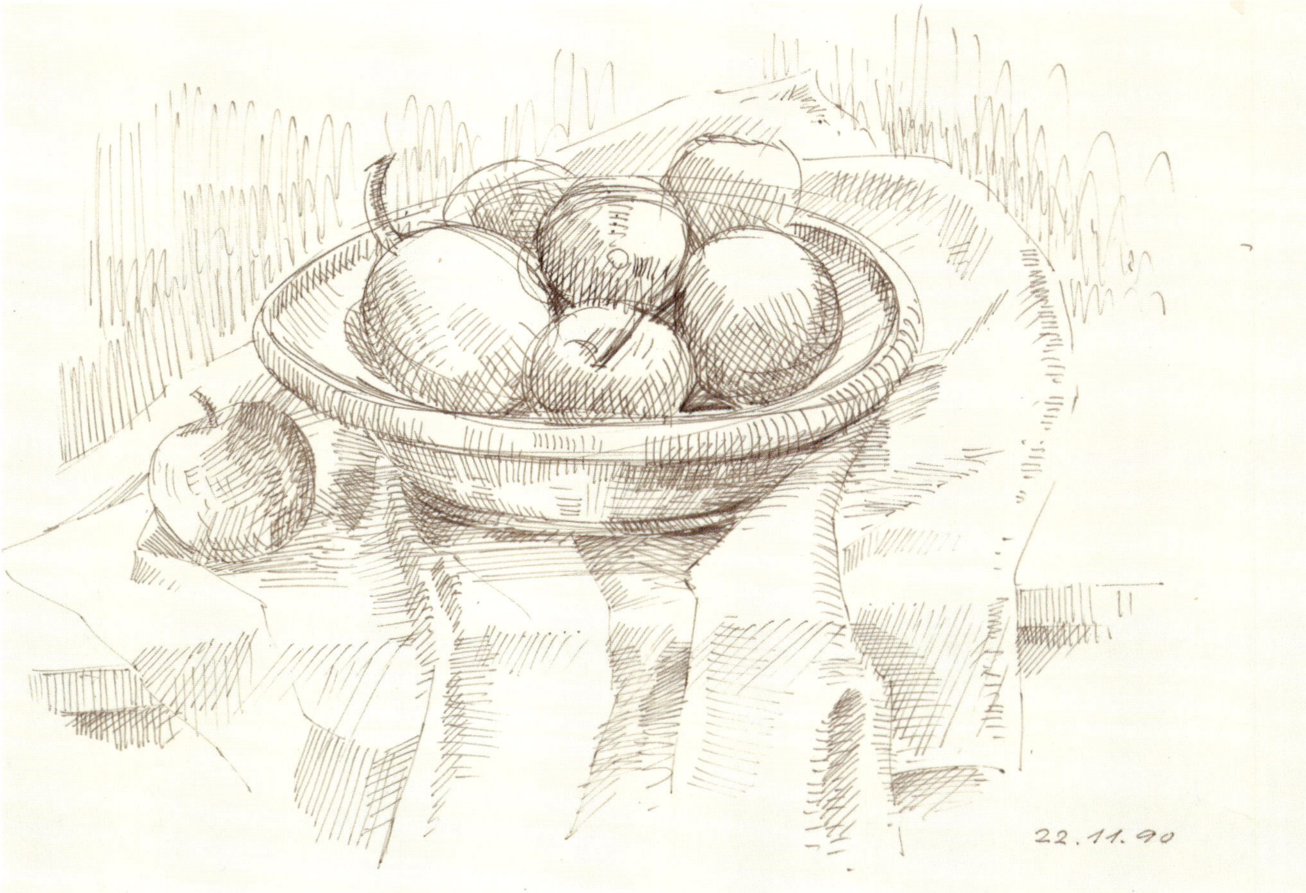
22.11.90

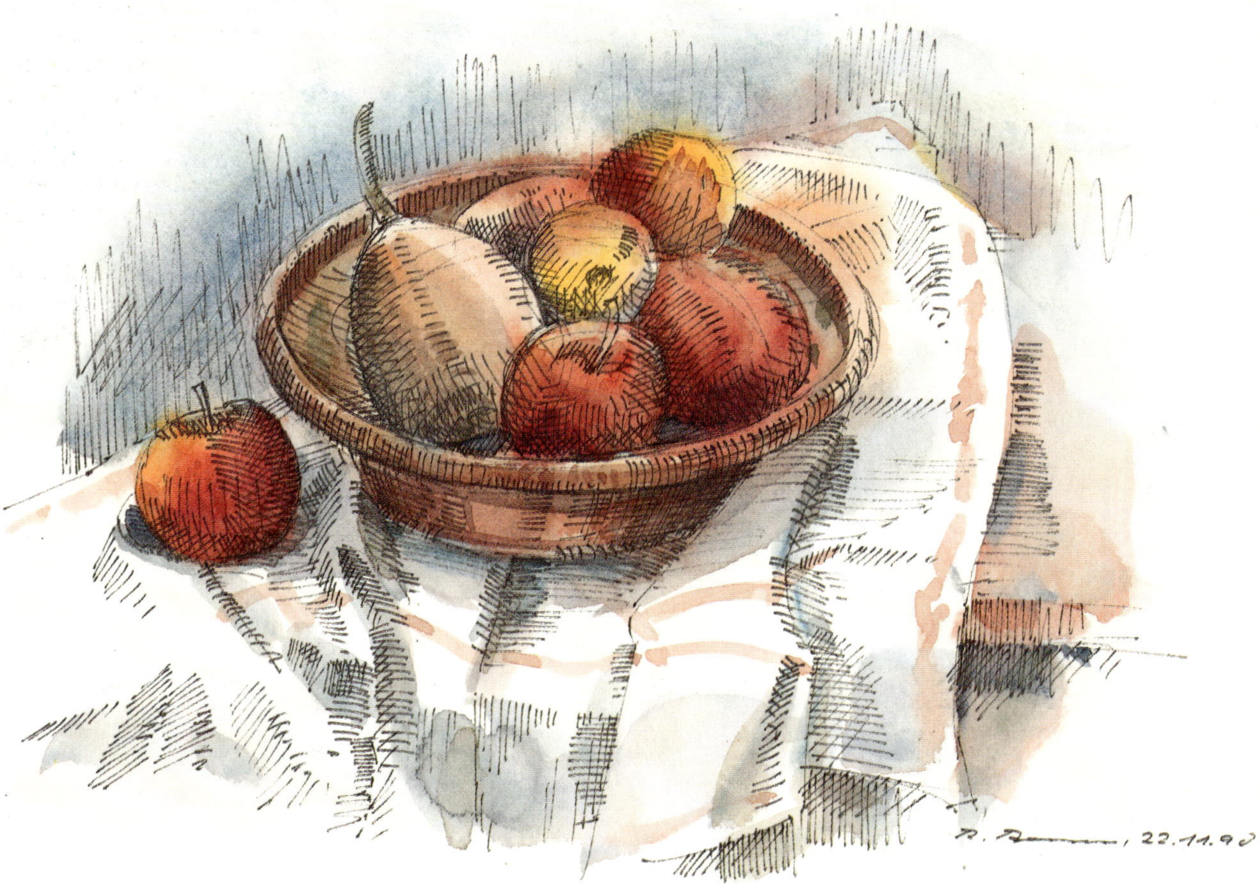
22.11.90

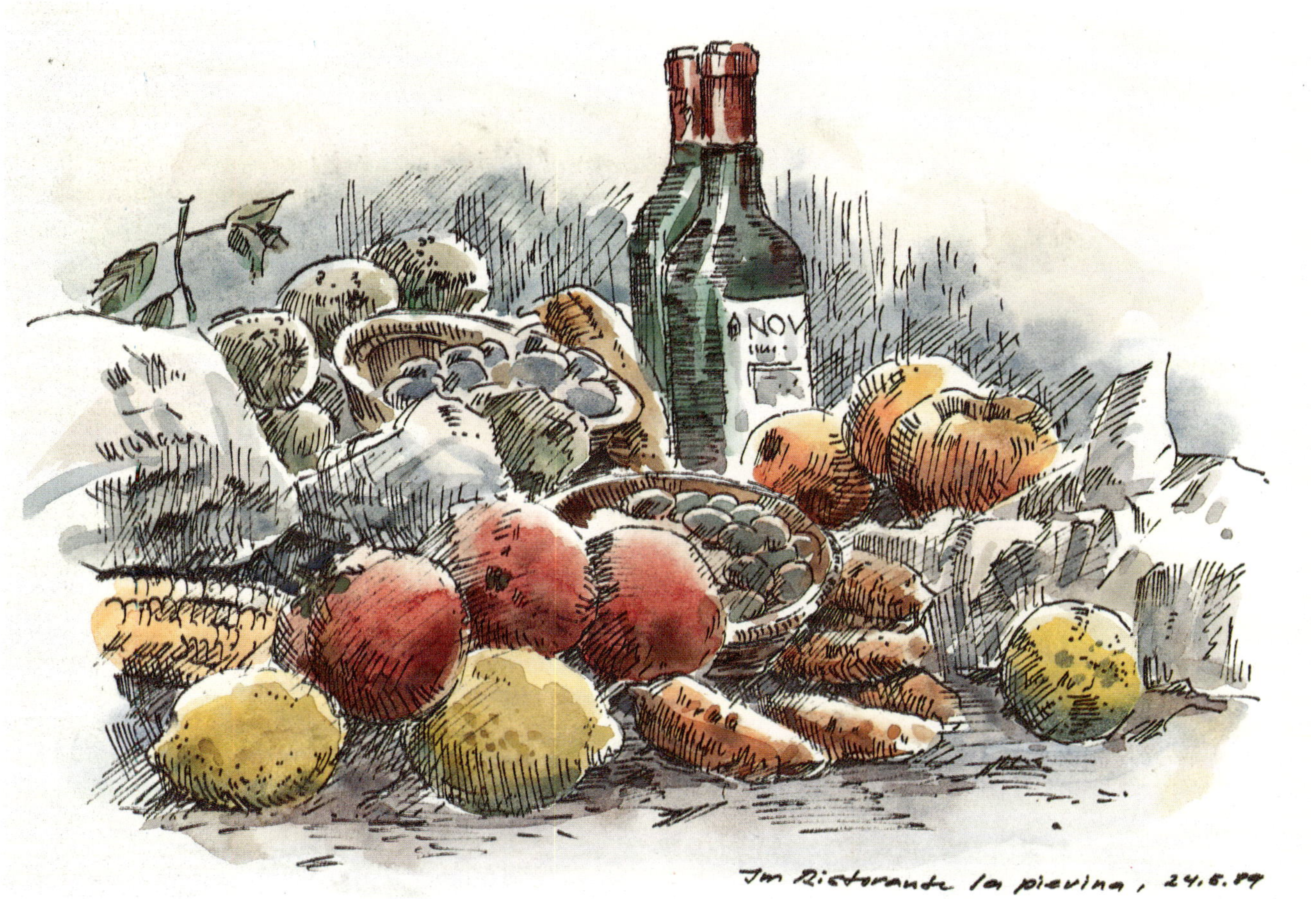

Stilleben mit Früchten und Schale (Richard Braun)
Die Zeichnung wurde mit Sepiatusche angefertigt, die einen besonders schönen, warmen Braunton besitzt. Die Komposition steht diagonal in der Bildfläche; der Hintergrund wurde durch leichte Schraffur dargestellt.

Aquarellierte Zeichnung
Die oben angelegte Zeichnung wurde nun coloriert. Es empfiehlt sich dabei, die Farben sparsam einzusetzen, denn auch nach der Farbgebung soll die Federzeichnung nicht hinter die farbliche Aussage des Bildes zurücktreten.
Über alle schraffierten Bildteile werden Farbflächen gesetzt, um diese Stellen in der Komposition weiterhin zu betonen.
Die Plastizität der Gegenstände und die Raumtiefe wurden durch den Einsatz von Hell-Dunkel-Kontrasten unterstützt.

Stilleben mit Früchten und Weinflaschen (Richard Braun)
Dieses Stilleben besticht vor allem durch seine Komposition. Zwar sind die Früchte und das Gemüse mehr oder weniger horizontal angeordnet, doch wird das Bild durch Dichte und Vielfalt belebt. Zahlreiche Überschneidungen, das Unter- und Übereinander der Gegenstände sorgen dafür, daß keine Eintönigkeit entsteht. Eine weitere Nuance setzen die beiden vertikal herausragenden Weinflaschen.
Wie in der vorangegangenen Zeichnung wirkt das Bild nach oben offen, und die Farbe wurde sparsam verwendet, so daß die Wirkung der Federzeichnung lediglich unterstützt und nicht verdrängt wird.

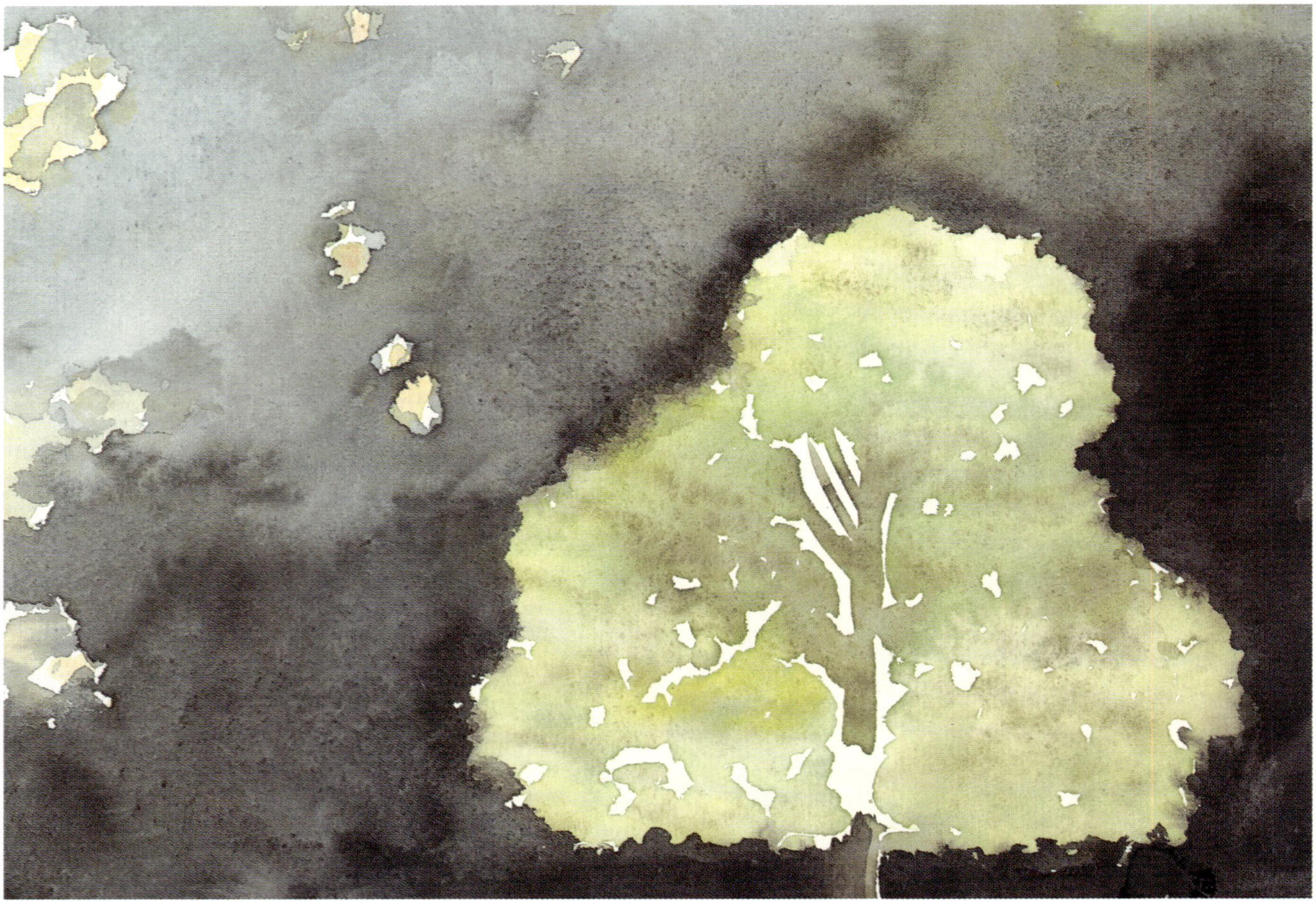

Ein ebenso beliebtes Aquarellmotiv wie Blumen sind Bäume. Ihre Artenvielfalt ist erstaunlich. Doch auch einen einzelnen Baum werden Sie niemals vollständig erfassen können. Sein Aussehen und seine Ausstrahlung ändert sich nicht nur mit dem Wechsel der Jahreszeiten. In der Morgendämmerung wirkt er anders als im Licht der untergehenden Sonne. Bei einer Gewitterstimmung sehen Sie ihn mit anderen Augen als bei strahlendem Sonnenschein.

Heller Baum vor dunklem Hintergrund

Das Bild lebt vom starken Kontrast der Farbgebung. Die helle Baumkrone, asymmetrisch in den rechten unteren Bildteil gesetzt, leuchtet aus dem düsteren Gewitterhimmel hervor. Im Baum habe ich Gelb, Grün und etwas Schwarz vermischt und mit viel Wasser vermalt. Dadurch gestaltet sich die äußere Form der Baumkrone unregelmäßig, und die Silhouette gewinnt an Lebendigkeit. Für den Hintergrund wurde dieselbe Farbmischung verwendet: jedoch dominiert hier Schwarz. Durch die Farbwiederholung wirkt der Kontrast nicht zu stark. Einzelne helle Farbflecken im Hintergrund geben dem Himmel Bewegung.

Studie grüner Baum

Als erstes wurde die Form des Baumes auf trockenes Papier gemalt, danach folgte die Gestaltung von Himmel und Erde. Sie sehen, daß ich links durch weiße Linien für eine klare Abgrenzung gesorgt habe, während ich rechts einen wäßrig fließenden Übergang wählte. Dabei wurde das Grün der Baumkrone flächig in den Himmel vermalt. Dadurch ist die Farbe nicht isoliert. Mit demselben Anliegen wurde auch das Blattgrün durch bläuliche Farbtöne ergänzt.

Studie roter Baum

Eine ganz andere Vorgehensweise liegt dieser Studie zugrunde. Hier wurden Himmel und Baumkrone zuerst naß in naß vermalt. Sie können dies an den Verbindungen vom Rotbraun der Baumkrone zum Blau des Himmels deutlich erkennen. Nach dem Trockenprozeß wurde die Struktur des Blattwerks farbig darübergeschichtet, um dem Baum Dichte und Fülle zu verleihen. Der flächige Farbauftrag von Wiese und Stamm ergab eine klare Abgrenzung.

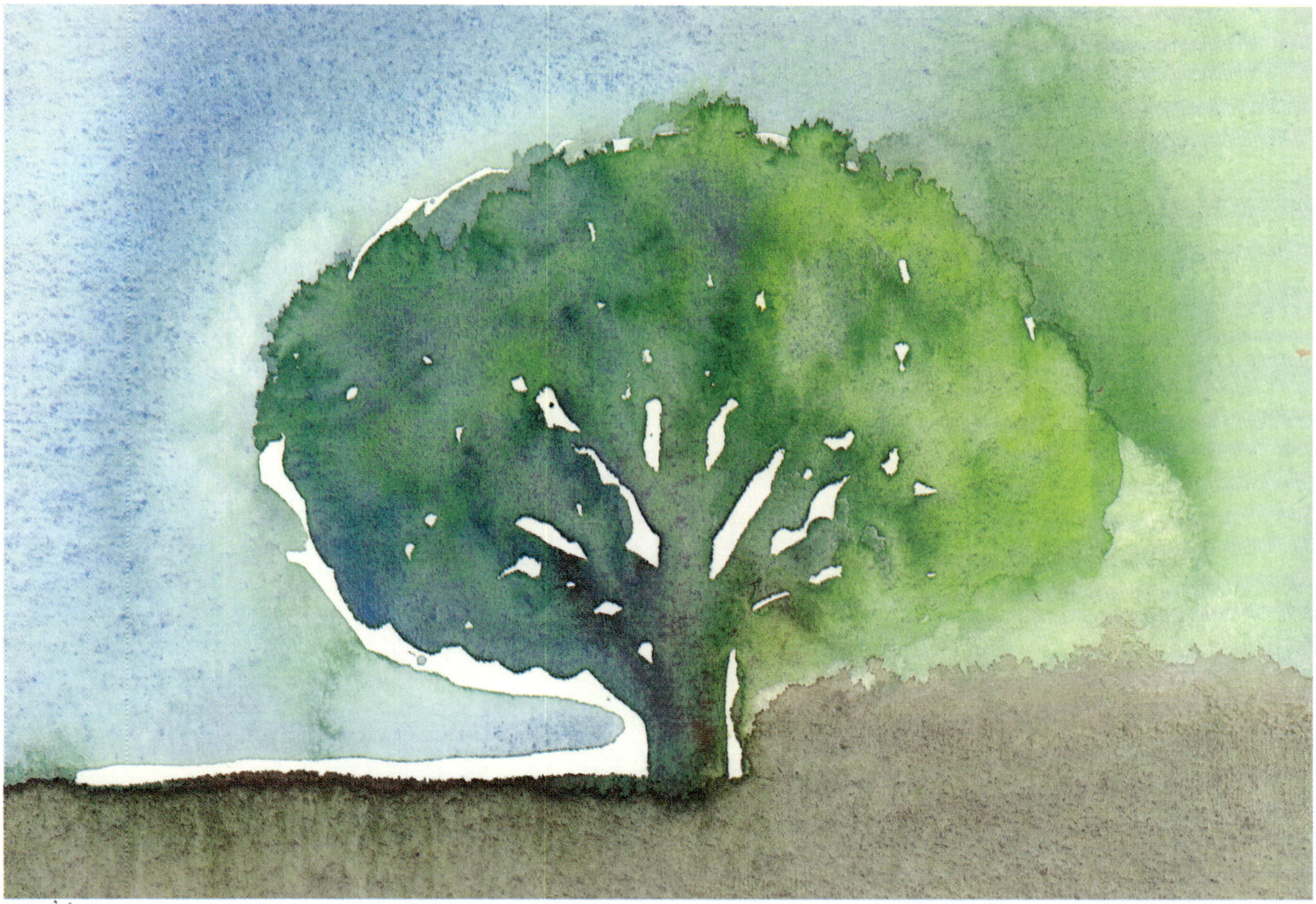

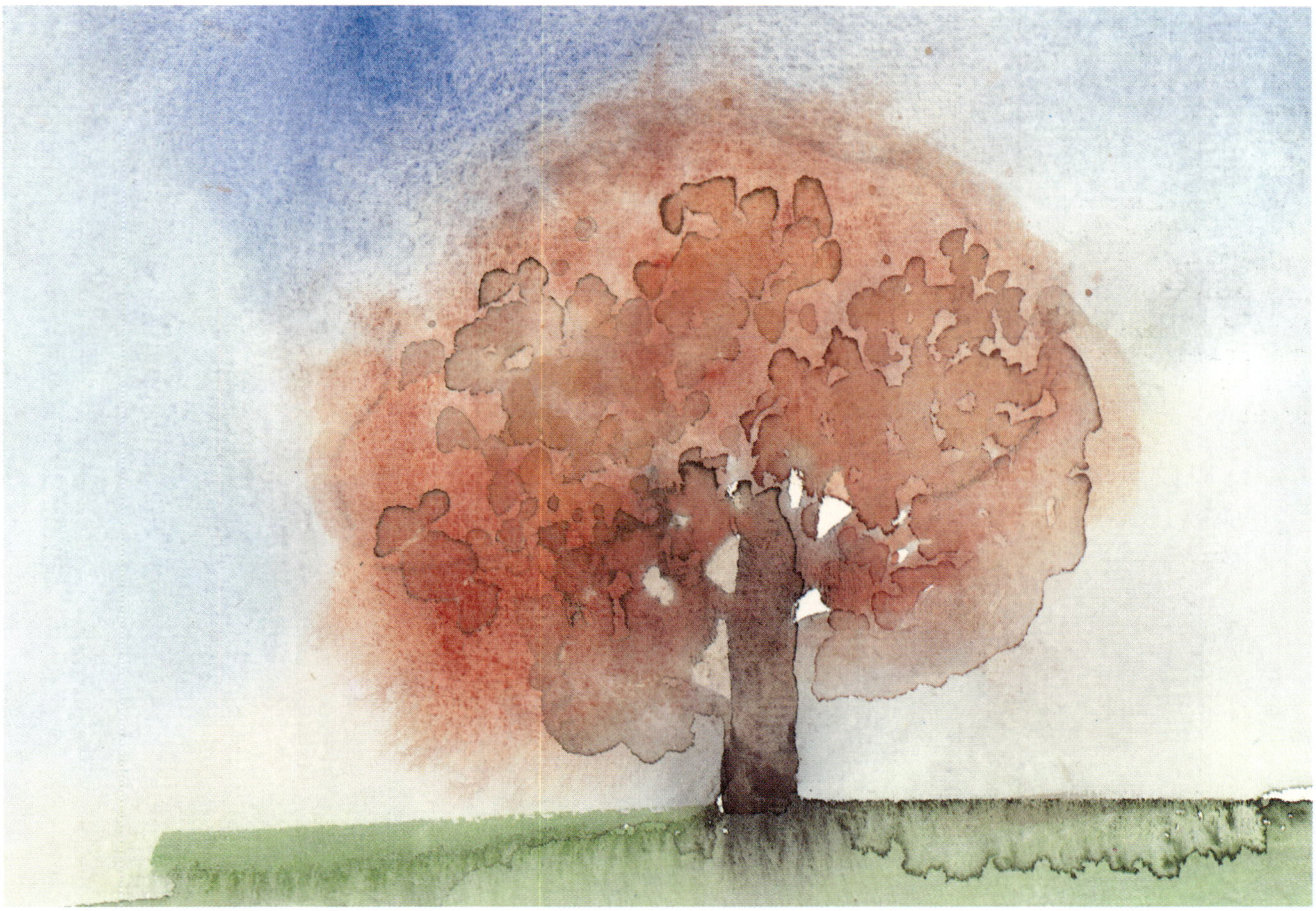

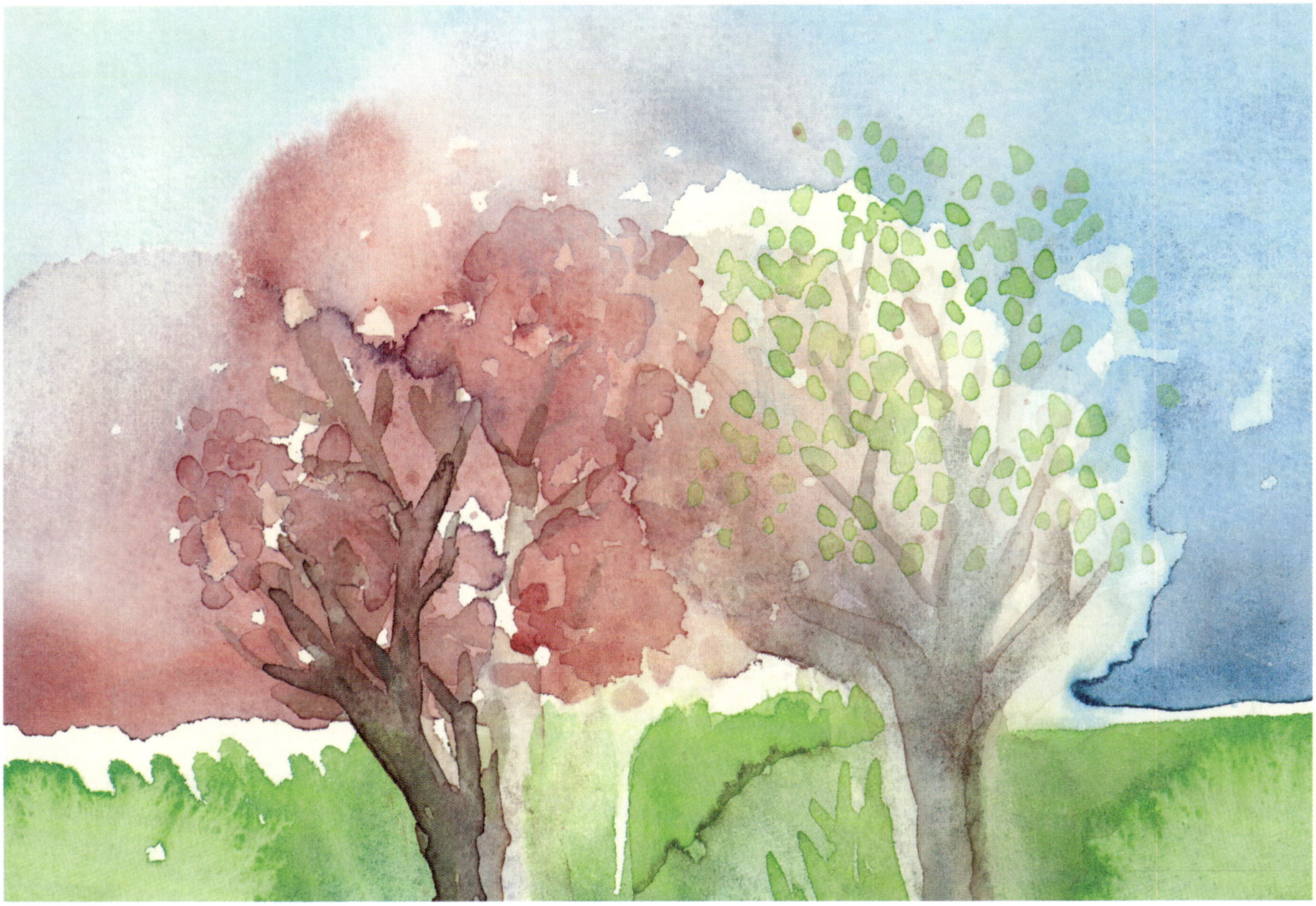

Das Frühjahr. Gleich denkt man an ein helles Bild voller Leichtigkeit, getragen von weichen Pastelltönen, die schon die kräftigen Sommerfarben erahnen lassen. Jeder besitzt natürlich seine eigenen Farbvorstellungen von einer Jahreszeit. Mir schwebte eine Komposition in pastelligen Rot-, Violett-, Grün- und Blautönen vor. Die erste Malschicht ist im Verwaschauftrag (naß-in-naß) gemalt. Darüber wurden die Blätter strukturiert. Der Himmel ist von Hell- zu Dunkelblau laviert, eine weiß stehengelassene Linie gibt den Horizont an und verleiht dem Bild Perspektive.

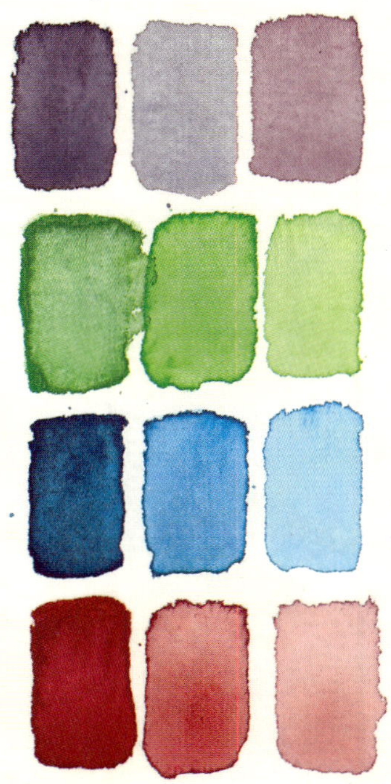

Die Palette der Frühjahrsfarben

Hier sehen sie die Auswahl „meiner“ Frühjahrsfarben, die ich für die beiden Aquarelle verwendet habe. Stellen Sie einmal Ihre eigene Frühjahrspalette zusammen.

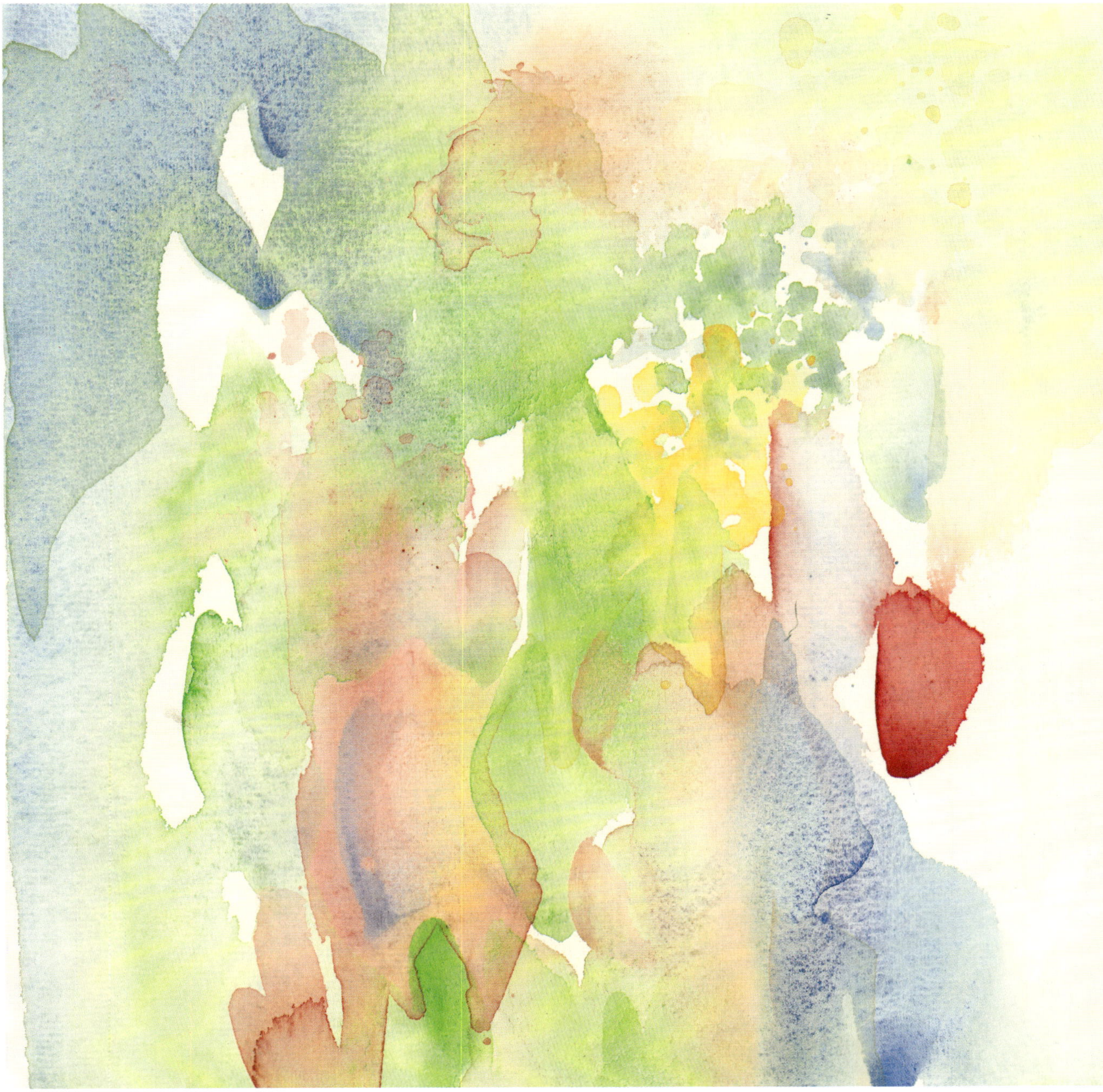

Freie Komposition „Frühjahr“
Die obere Abbildung zeigt eine abstrakte Komposition, angeregt durch verschiedene Blattformen. Ich habe dabei vor allem mit Farben gespielt. Manche wurden auf nasses Papier gemalt, andere schichtweise übereinandergesetzt. Die Farben wurden mit sehr viel Wasser gemischt, um helle Pastelltöne und einen leichten, transparenten Farbauftrag zu erzielen.
Durch den kräftigen roten und gelben „Farbtupfer“ erhält die eigentlich ruhige und harmonische Bildwirkung einen dynamisch-lebendigen Aspekt.

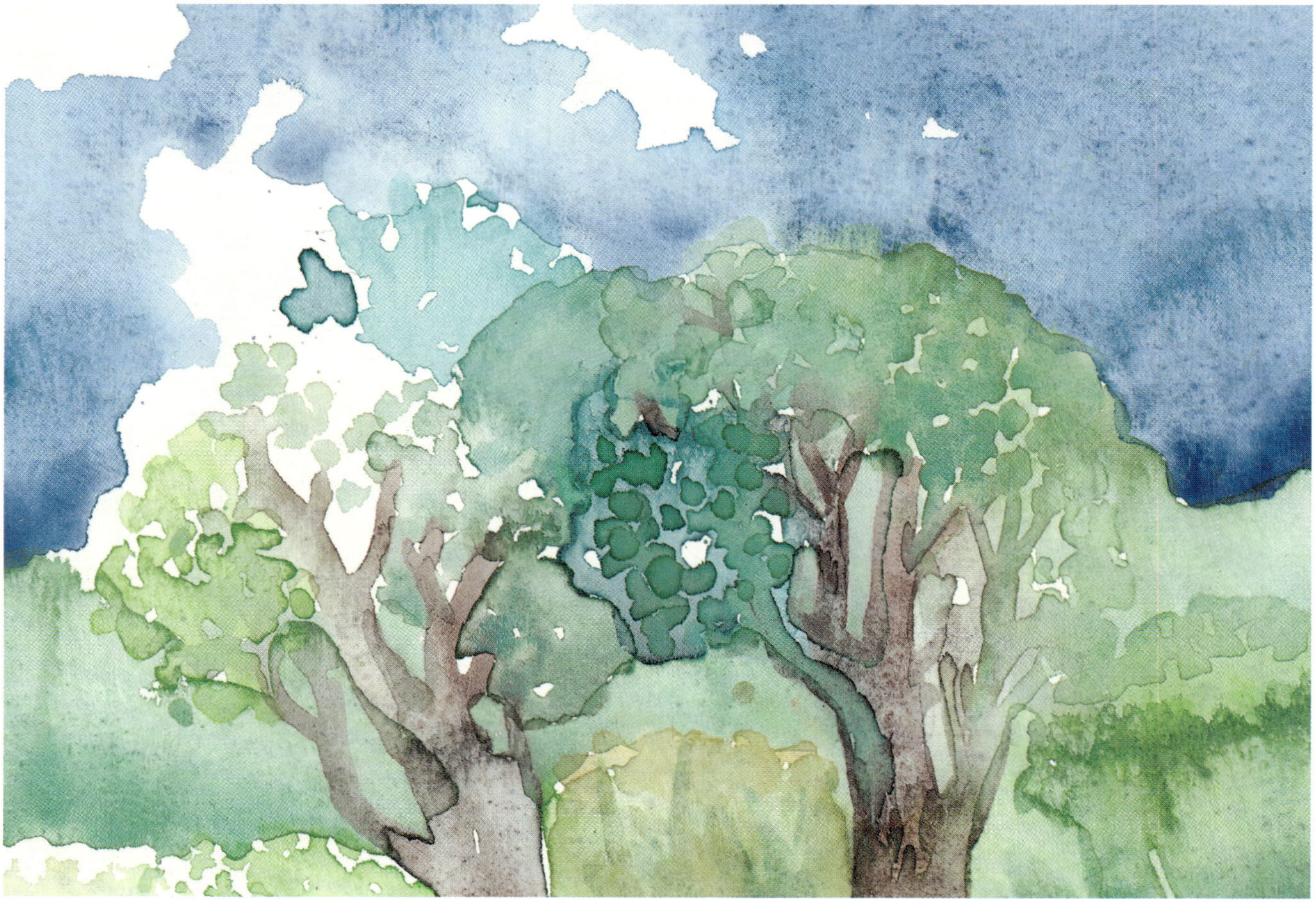

Der Sommer. Seine Farben sind intensiver und leuchtender als die Frühlingsfarben, das Laub der Bäume ist voll und üppig geworden. Die beiden abgebildeten Obstbäume wurden zunächst naß in naß in verschiedenen Grüntönen gemalt, das Blattwerk später darüber strukturiert. Achten Sie darauf: Wenn Sie mit wenigen Farben arbeiten (wie z. B. ich in diesem Bild mit Grün und Blau), sollten Sie möglichst viele verschiedene Farbnuancen einsetzen.
Der Himmel leuchtet nun in einem kräftigen Blau und wird durch einige weiß ausgesparte Wolken belebt. Auf eine klare Horizontlinie wurde verzichtet. Statt dessen habe ich sehr flächige Büsche angedeutet. Durch ihre Verschwommenheit wirken Sie weiter entfernt als die klar strukturierten Bäume des Vordergrundes. Auch dies ist eine gute Technik, um Perspektive zu schaffen.

Die Palette der Sommerfarben

Die Farben sind kräftiger, strahlender geworden. Legen Sie sich eine solche Palette vor dem Malen an; Sie können dann in Ruhe überlegen, welche Farben in Ihr Sommerbild aufgenommen werden sollen.

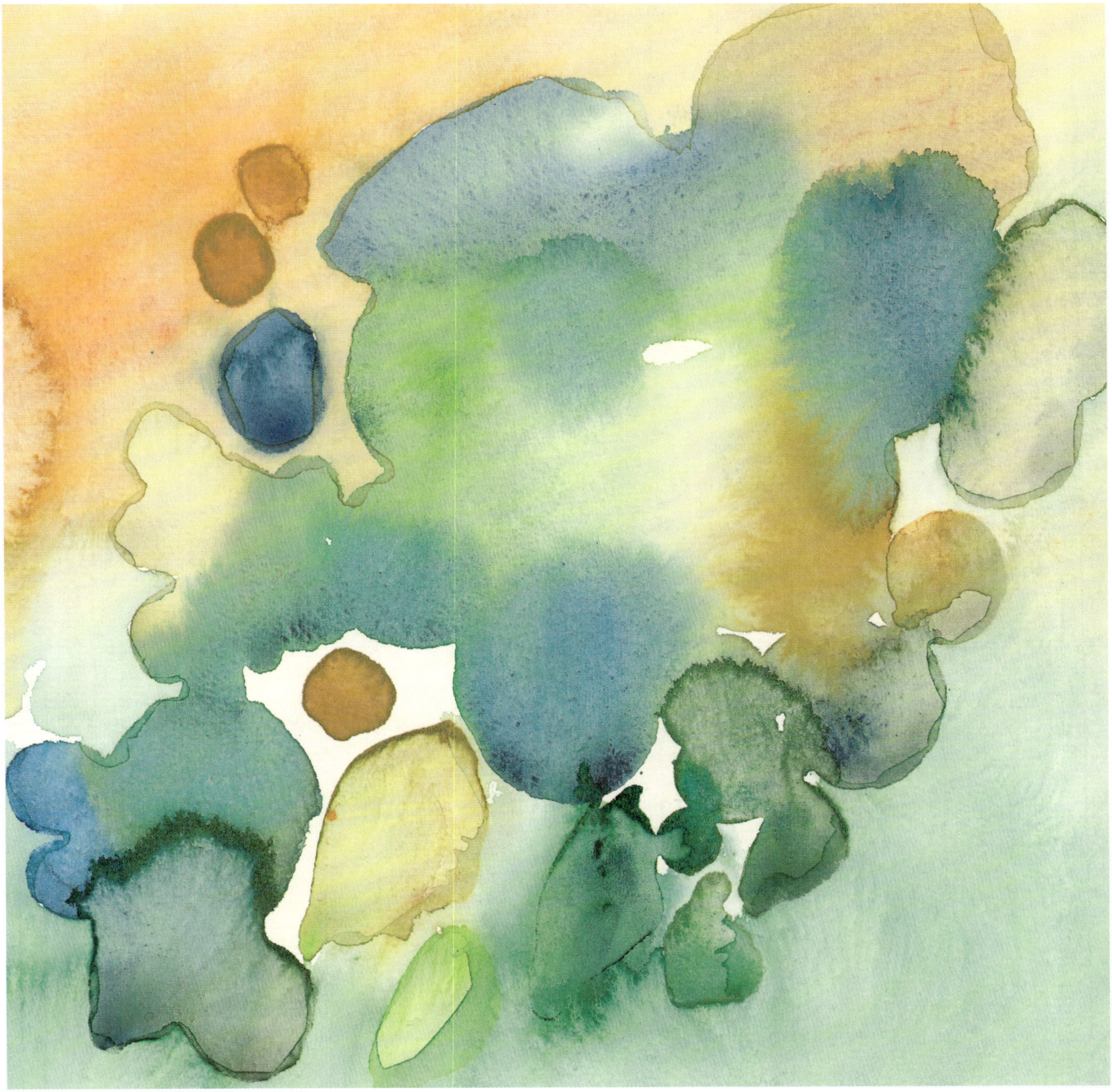

Freie Komposition „Sommer"
Vergleichen Sie das Bild einmal mit der Frühjahrs-Impression und achten Sie dabei auf einzelne Farben (z. B. das Grün), die in beiden Bildern enthalten sind. Ganz deutlich können Sie dann die unterschiedliche Farbwirkung von Pastellfarben und kräftigeren Farben erkennen.
Ich habe wiederum mit zwei Techniken gearbeitet. In der Bildmitte wurden die Farben sehr naß in naß vermalt. Nach außen hin wurden die Formen auf das trockene Papier gesetzt, sie werden klarer und grafischer.
Interessant ist die Bildkomposition. Rundliche Formen überwiegen und sind diagonal von rechts oben nach links unten angeordnet. Das lichte Grün und das helle Ocker geben dem Ganzen einen Rahmen.

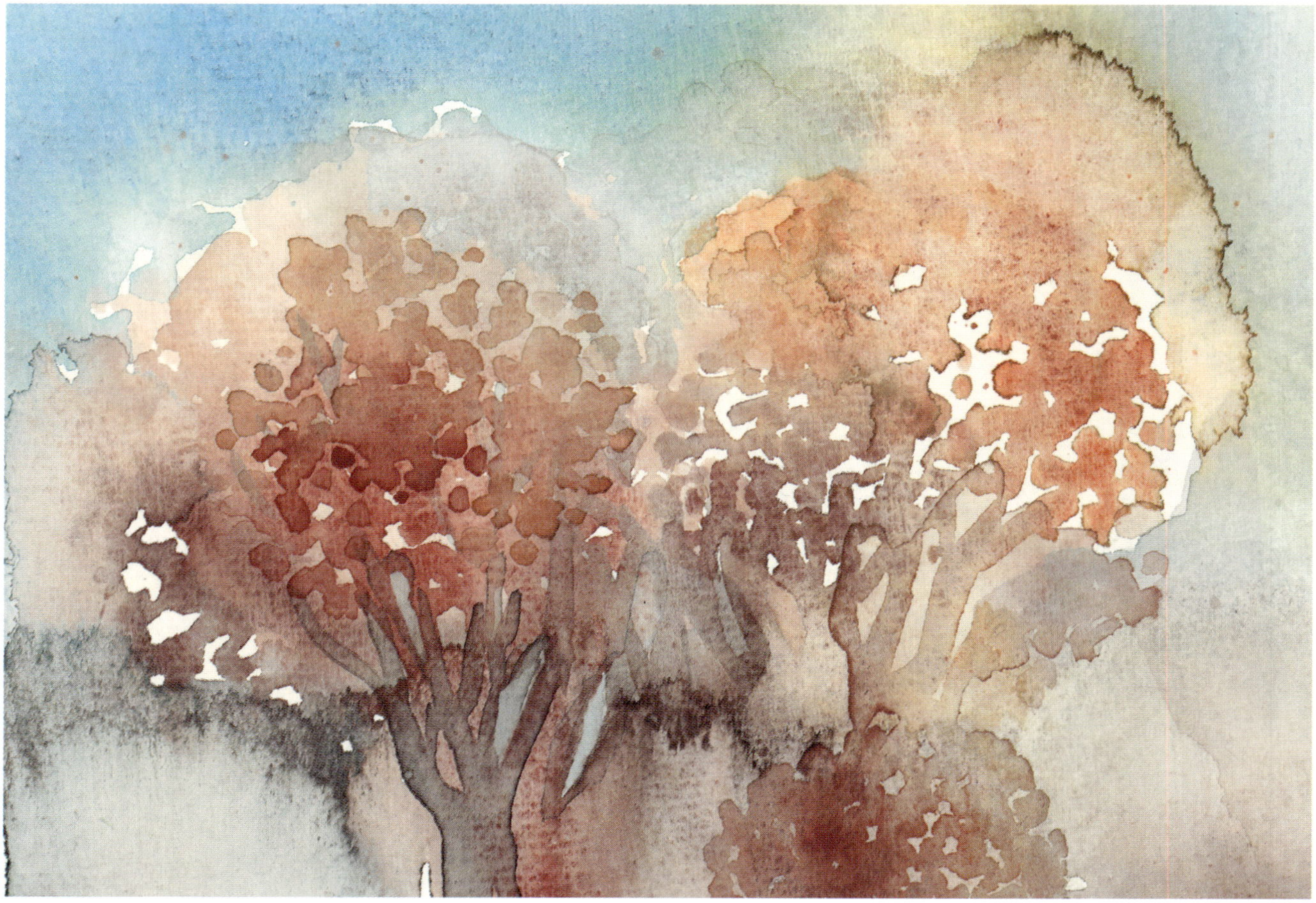

Herbstbäume sind im Laub besonders farbig und malerisch. Ich habe mich hier für rötliche Brauntöne entschieden, da sie nach meinem Empfinden das Charakteristische des Herbstes besonders gut zum Ausdruck bringen. Während Braun das endgültige Verblühen anzeigt, spricht das Rot noch einmal vom Leuchten dieser Jahreszeit. Das Coelinblau des Himmels setzt sich sehr schön von den Brauntönen ab, ist aber schon nicht mehr so kräftig wie in unserem Sommerbild. Einige Gelbtöne deuten letzte Sonnenstrahlen an.
An den ausgeblühten Farben erkennen Sie inzwischen sicher schon die Naß-in-Naß-Technik, in der ich dieses Bild begonnen habe. Die Struktur der Blätter, der Baumstämme und des Busches am unteren Bildrand verraten die Lasur.

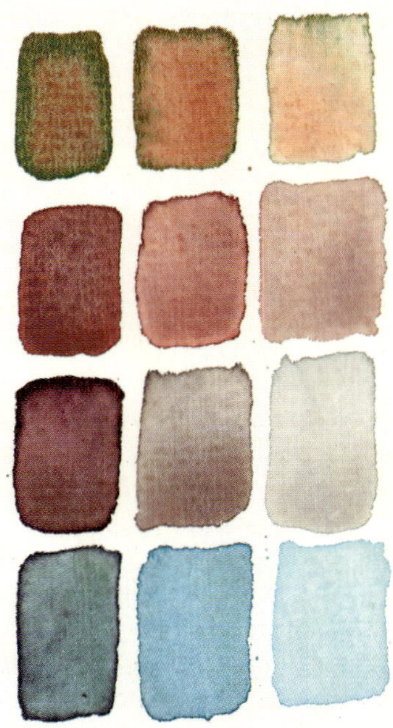

Die Palette der Herbstfarben

Hier können Sie die verschiedenen Brauntöne noch einmal genau betrachten. Sie erkennen deutlich die Beimischung von Gelb und Rot.

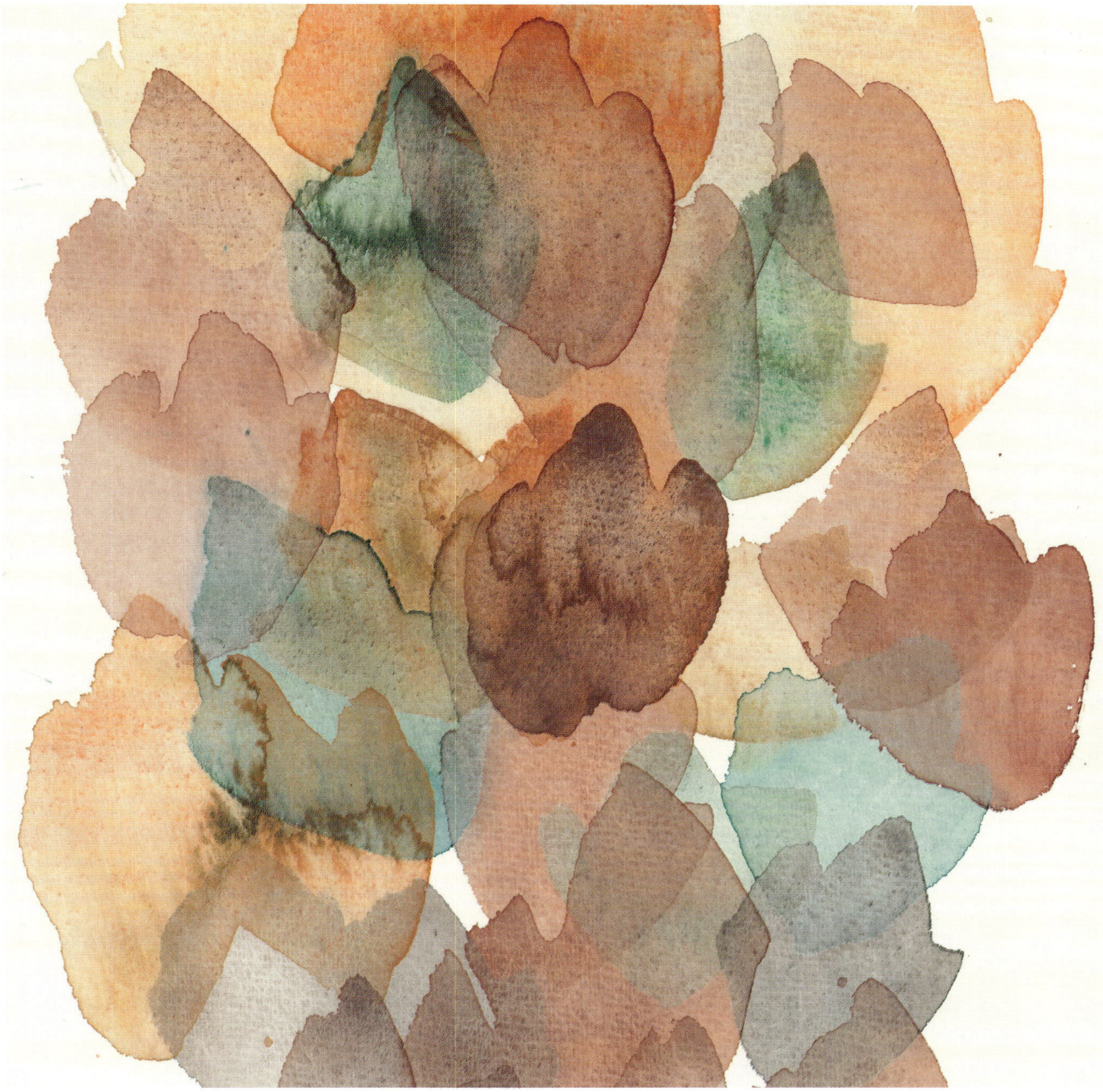

Freie Komposition „Herbst“
Sicher haben auch Sie als Kind bunte Herbstblätter gesammelt, gepreßt und zu bunten Bildern zusammengeklebt. Dieses Spiel ergibt auch ein hübsches Motiv für ein kleines Aquarell und ist gleichzeitig eine gute Übung im schichtweisen Farbauftrag.
Mein Aquarell ist in warmen Braun- und Ockertönen und ein wenig Grün gestaltet. Zu den Brauntönen wurde manchmal Gelb oder Rot oder auch Schwarz gegeben. Durch solche Mischungen bereichern Sie Ihre Farbpalette.
Was die Komposition des Bildes betrifft, so wirkt es durch die weiß stehengelassenen Ränder und einzelnen Weißstellen zwischen den Blättern offen und leicht.

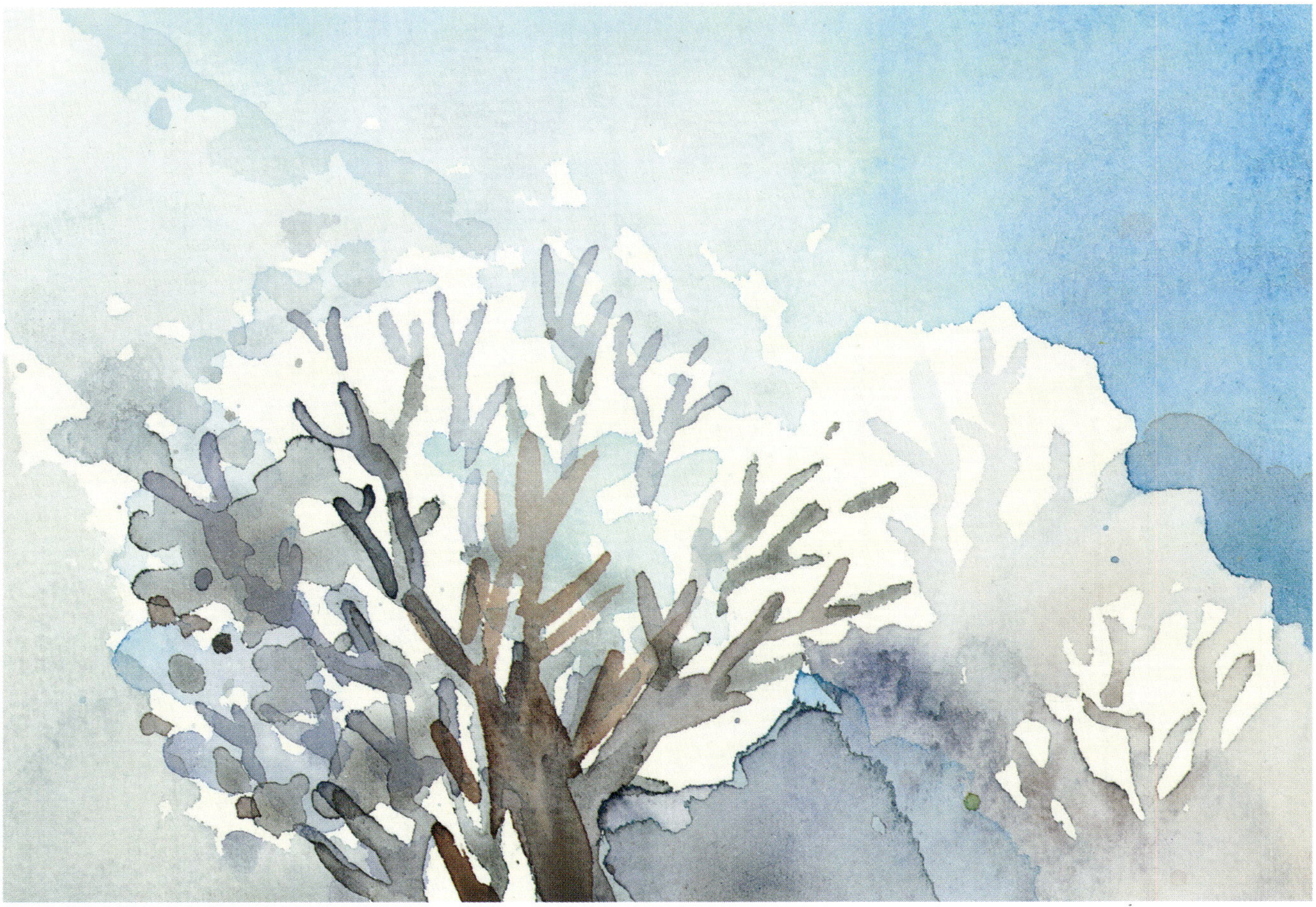

Der Winter. Seine Farben sind von der Kälte dieser Jahreszeit geprägt. Grau- und Brauntöne können verwendet werden, aber vor allem ist es das Blau, mit dem der Betrachter Kälte und Frost assoziiert. In einem Winterbild werden darum Blautöne stets dominieren. Weiß trägt hier nicht nur zur Auflockerung und Strukturierung der Formen bei, sondern verbindet sich auch mit der Vorstellung von Schnee.
Die Äste der Bäume sind entsprechend der Jahreszeit kahl. Um die Krone dennoch ein wenig aufzulockern, habe ich links mit einigen hell lasierten Farbflächen gearbeitet. Der vordere Baum ist relativ stark strukturiert, die beiden Bäume rechts dagegen nur angedeutet. Sie wissen schon aus vorangegangenen Beispielen, daß damit Perspektive geschaffen werden kann.

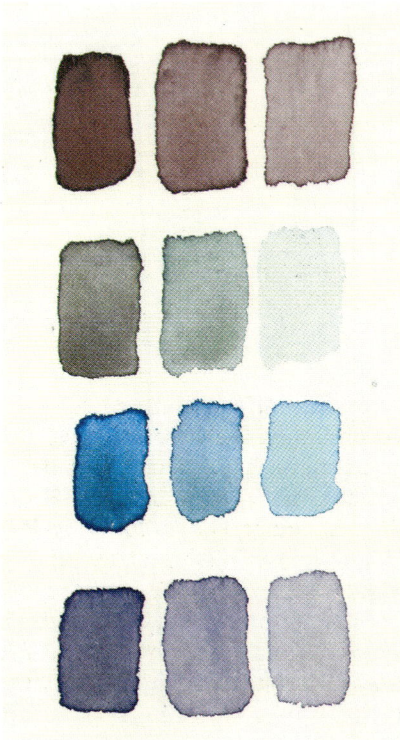

Die Palette der Winterfarben

Die Palette wird durch kalte Farbtöne bestimmt. Kalt bedeutet in der Malerei immer, daß die Farben einen hohen Blauanteil besitzen, sogar die Brauntöne spielen hier ins Bläuliche.

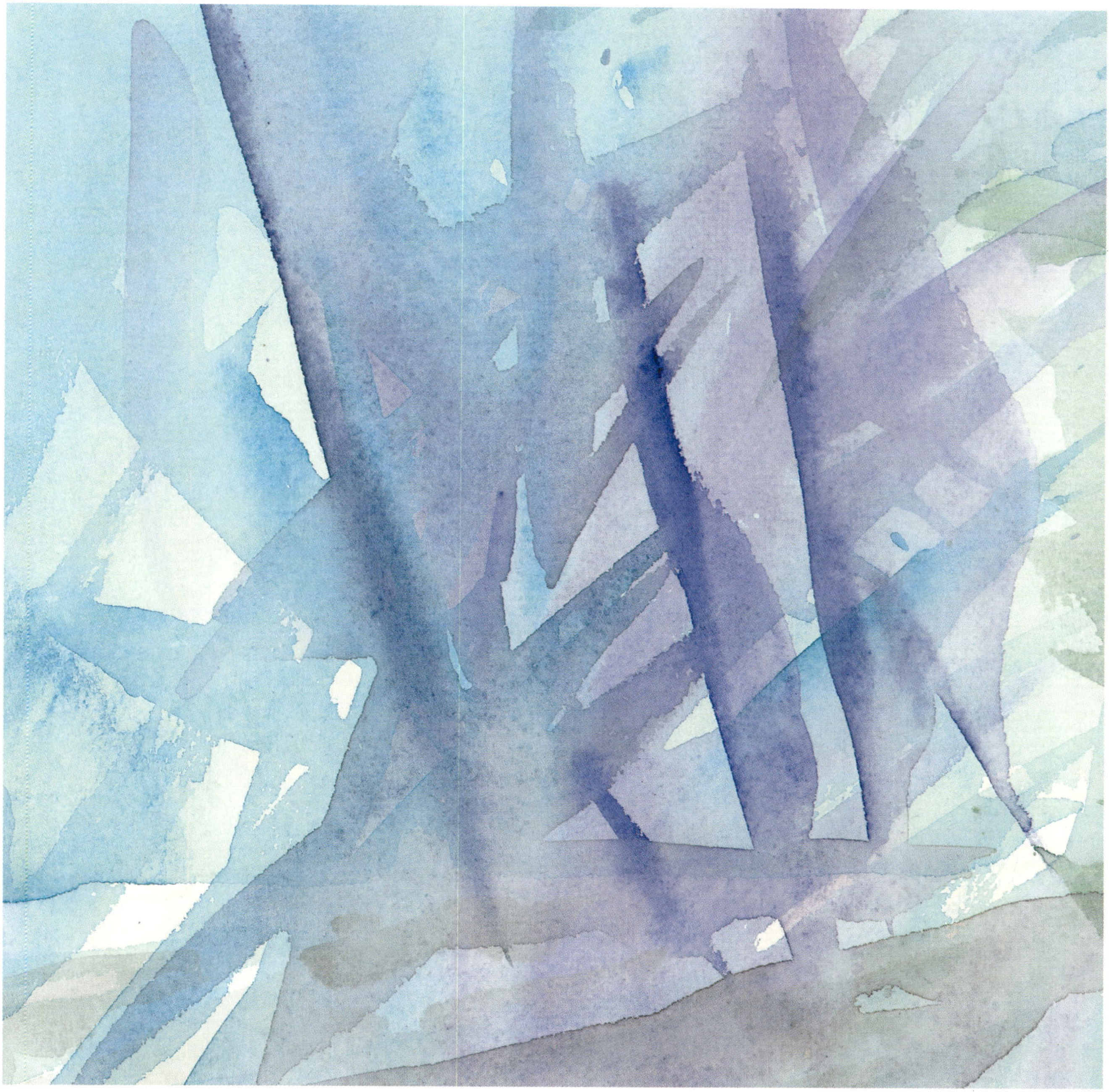

Freie Komposition „Winter"
Als Anregung für dieses Aquarell dienten mir Eiskristalle. Die harten, spitzen Formen verstärken den Eindruck von Kälte, während Wärme eher mit weichen runden Formen verbunden wird. Der Farbauftrag des hellen Blaus erfolgte im Rhythmus von links unten nach rechts oben. Als Gegensatz wurden die blauvioletten Farbtöne von oben nach unten aquarelliert. Das Bild hat dadurch eine starke Dynamik erhalten. Die zartfarbige Transparenz des Eises wurde durch starke Beimischung von Wasser erzielt.

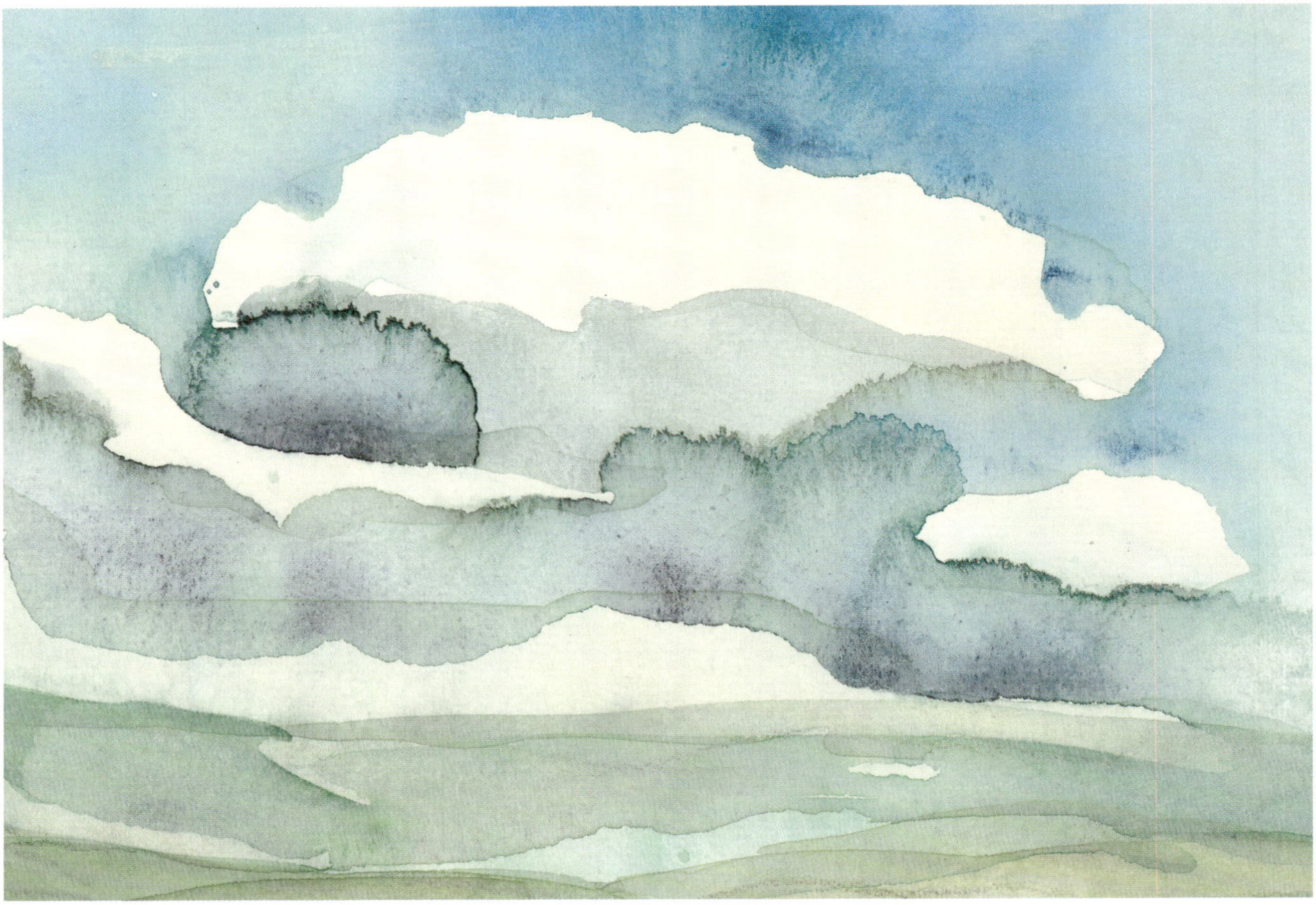

Wer hat nicht schon einmal verträumt in den Himmel geblickt und den Zug der Wolken beobachtet? Kaum etwas ist jedoch so flüchtig wie eine Wolkenformation. Für den Maler bedeutet dies, daß er sich eine ganz bestimmte Situation herausgreifen und sein Wolkenbild direkt und spontan gestalten muß. Da Weiß in unserem Aquarellfarbkasten nicht enthalten ist, wird bei einer Wolke stets mit Aussparungen gearbeitet. Je nachdem, wie Sie den Hintergrund malen, können dabei ganz unterschiedliche Effekte erzielt werden.
Das erste Aquarell zeigt eine horizontal angelegte Wolkengruppe. Das Weiß wird durch helle, sehr naß vermalte Blautöne unterbrochen und gibt damit den Wolken die Struktur.
Am unteren Bildrand deutet sich, zartfarbig lasiert, eine kleine Landschaft an.

Wolke im Verwaschauftrag
In diesem Aquarell habe ich ausschließlich mit der Naß-in-Naß-Technik gearbeitet. Im Gegensatz zu der ruhigen dahinziehenden Wolke des ersten Bildes ist die Wolke hier kaum strukturiert, der Himmel wirkt bedrohlich düster.
Ein Tip: Falls die Farben beim Malen zu sehr ineinanderfließen und die Stelle der weißen Wolke zerläuft, können Sie die Farbe mit einem weichen Lappen wieder heraustupfen.

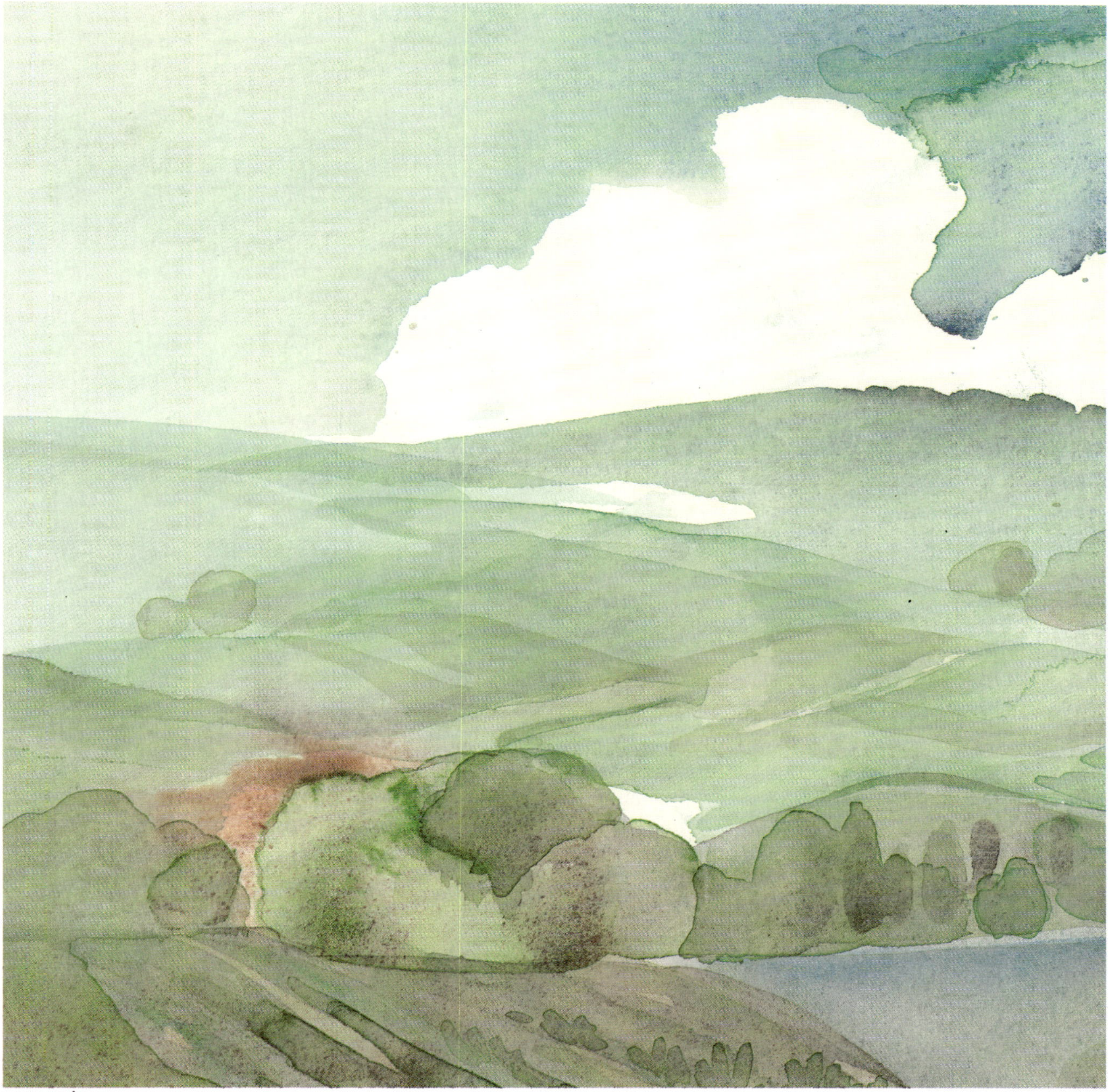

gemalt

Weiße Wolke über der Landschaft
Auch wenn Ihr Hauptanliegen die Darstellung von Wolken ist, können Sie jederzeit eine kleine Landschaft hinzukomponieren. In meiner Vorstellung zog die hier abgebildete große weiße Wolke über eine sommerliche Hügellandschaft. Das Weiß wurde wieder ausgespart, der Himmel auf trockenem Aquarellpapier von dunklem zu hellem Grünblau laviert. Auf den Hügelketten und dem Feld des Bildvordergrundes wurden mehrere Farbschichten übereinandergesetzt. Der Einsatz von kräftigen Farbtönen im Vordergrund und helleren Farben im Hintergrund brachte die gewünschte Raumtiefe.

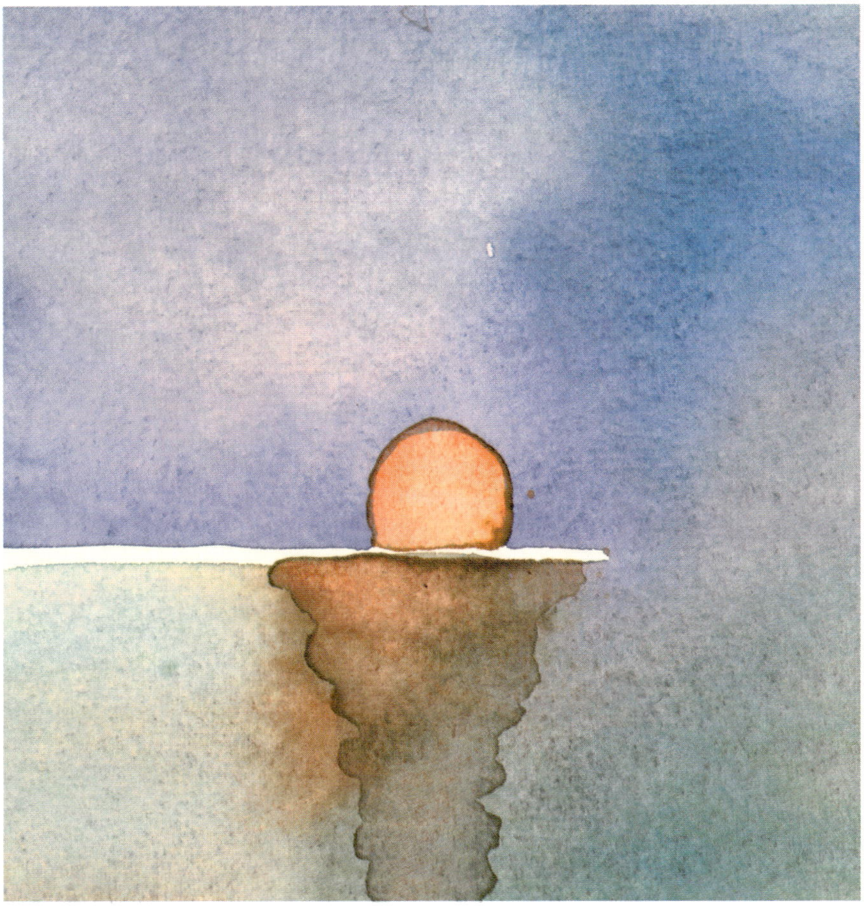

Eine Abendstimmung mit Sonnenuntergang am Meer oder an einem See ist immer wieder ein hübsches Motiv für ein kleines Aquarell.
Bei einem solchen Thema zeigt sich erneut, daß gerade ein Aquarell die Atmosphäre und Ausstrahlung eines Motivs einzufangen vermag.
Ist Ihnen einmal aufgefallen, daß hier die Natur selber Komplementärfarben (Orange der untergehenden Sonne und Blau des Wassers und des Himmels) in harmonischen Einklang bringt?

In den ersten beiden Bildern ist die untergehende Sonne schon fast ins Meer hinabgetaucht, der Sonnenkreis ist angeschnitten. Hier sitzt er auf einer weiß ausgesparten Linie, die den Horizont angibt. Diese Linie verliert sich dann im Wasser und im Himmel. Sie wurde am rechten Bildrand lavierend vermalt. Am Wasser spielt natürlich auch die Spiegelung eine wichtige Rolle. Ich habe sie in diesem Beispiel zum Schluß mit einer orange-grauen Farbschicht angedeutet.

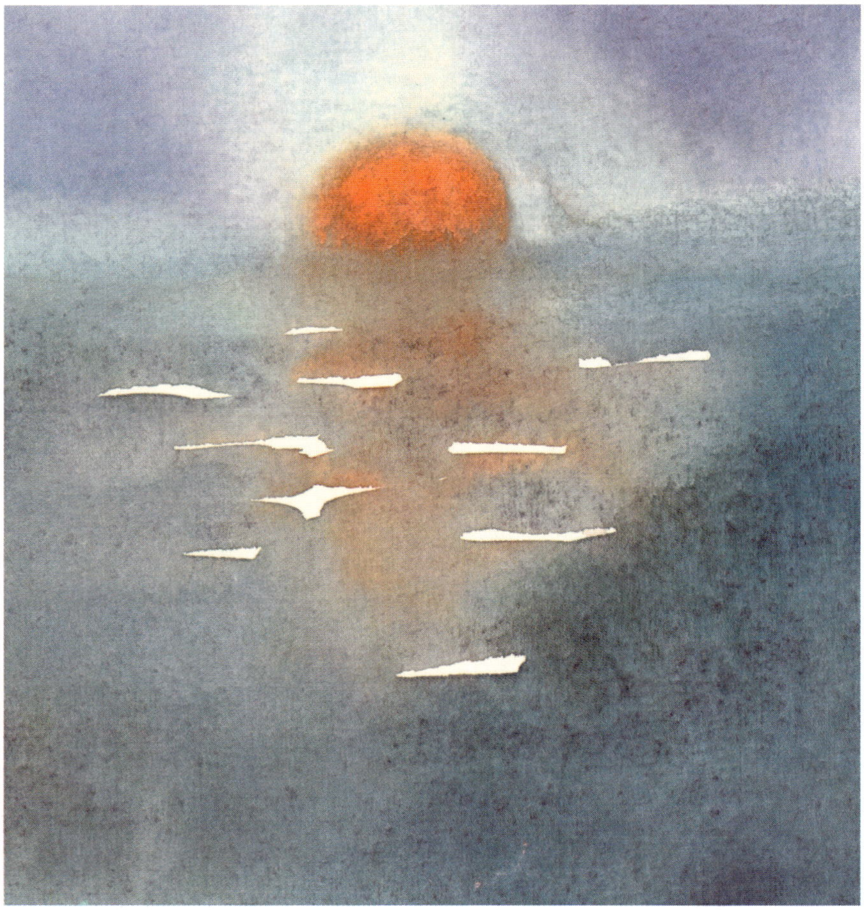

In diesem Bild fehlt die klare Umgrenzung des Sonnenkreises. Sehr naß in naß gemalt, wirkt der Farbauftrag viel weicher und malerischer. Auch Himmel und Wasser sind durch lavierende Malweise farblich verbunden. Einzelne weiß ausgesparte horizontale Linien deuten eine leichte Bewegung des Wassers an.

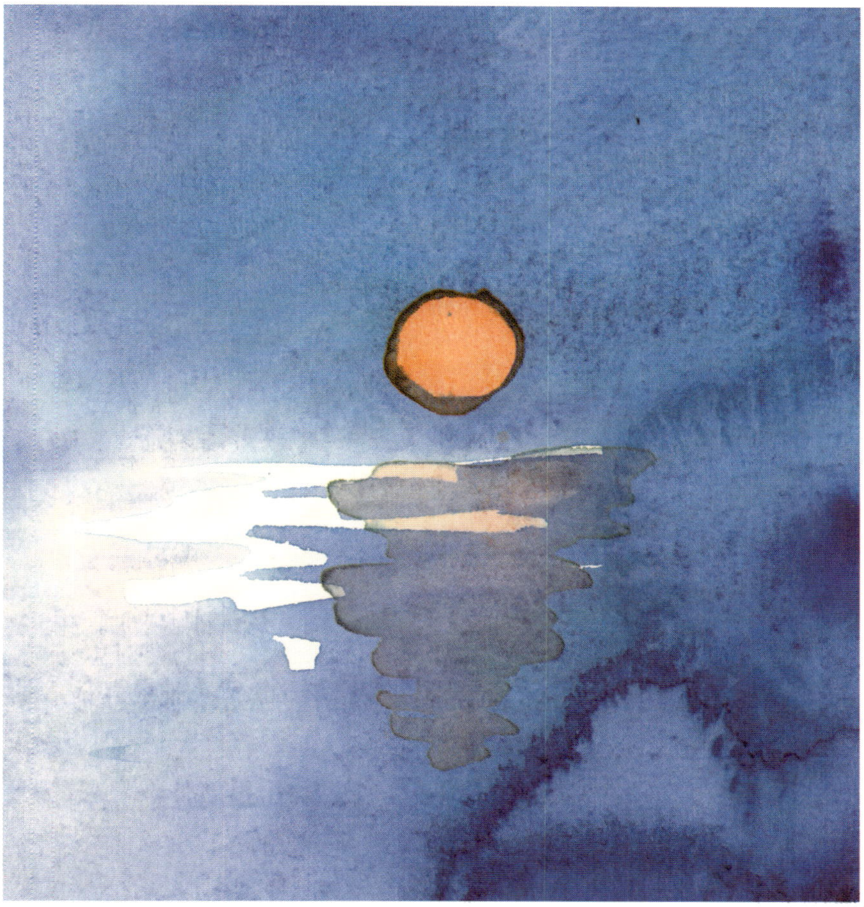

Hier habe ich mich zur Abwechslung für ein leuchtendes Kobaltblau entschieden. Der Übergang von Himmel und Wasser ist farblich kaum zu erkennen und nur durch den Stand der Sonne und die im flächigen Schichtauftrag angelegte Wasserspiegelung zu erahnen.

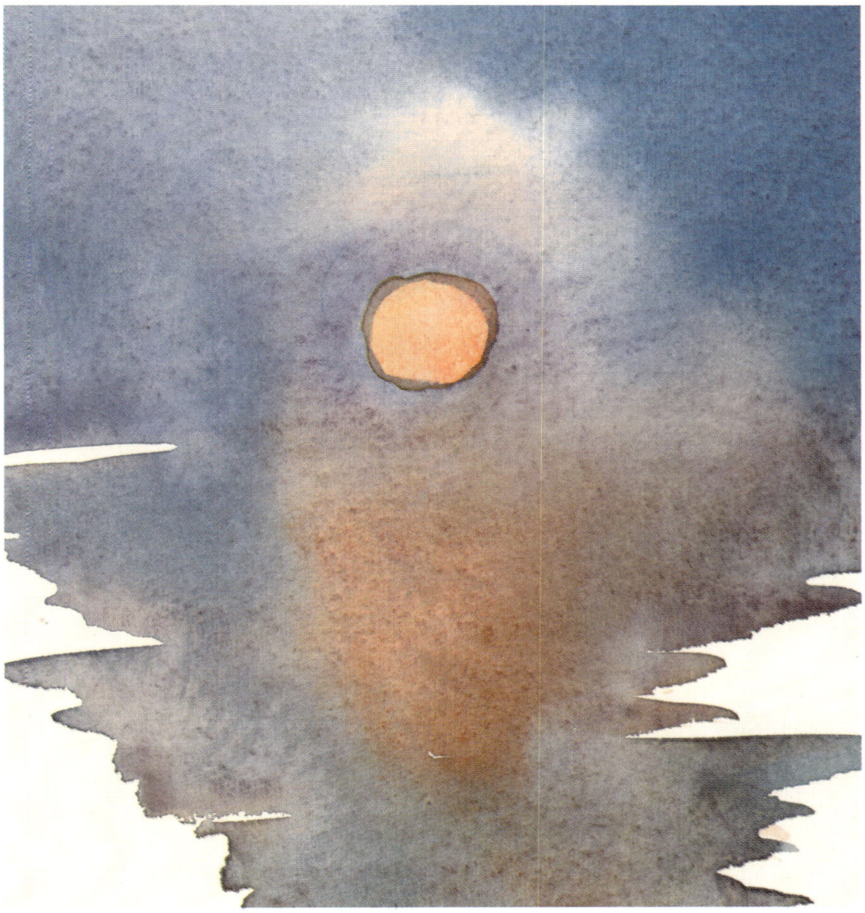

Ebenso wie in der Abbildung links ist auch hier in sehr wäßriger Malweise gearbeitet worden. Und doch wurde eine ganz andere Wirkung erzielt. Die Blautöne des Himmels und das Orange der Sonne wurden vermischt. Die Wasseroberfläche habe ich durch horizontale Pinselstriche mit der Breitseite des Pinsels angelegt. Die beiden Bildseiten wurden nicht voll ausgemalt. Das Aquarell wirkt dadurch sehr leicht.

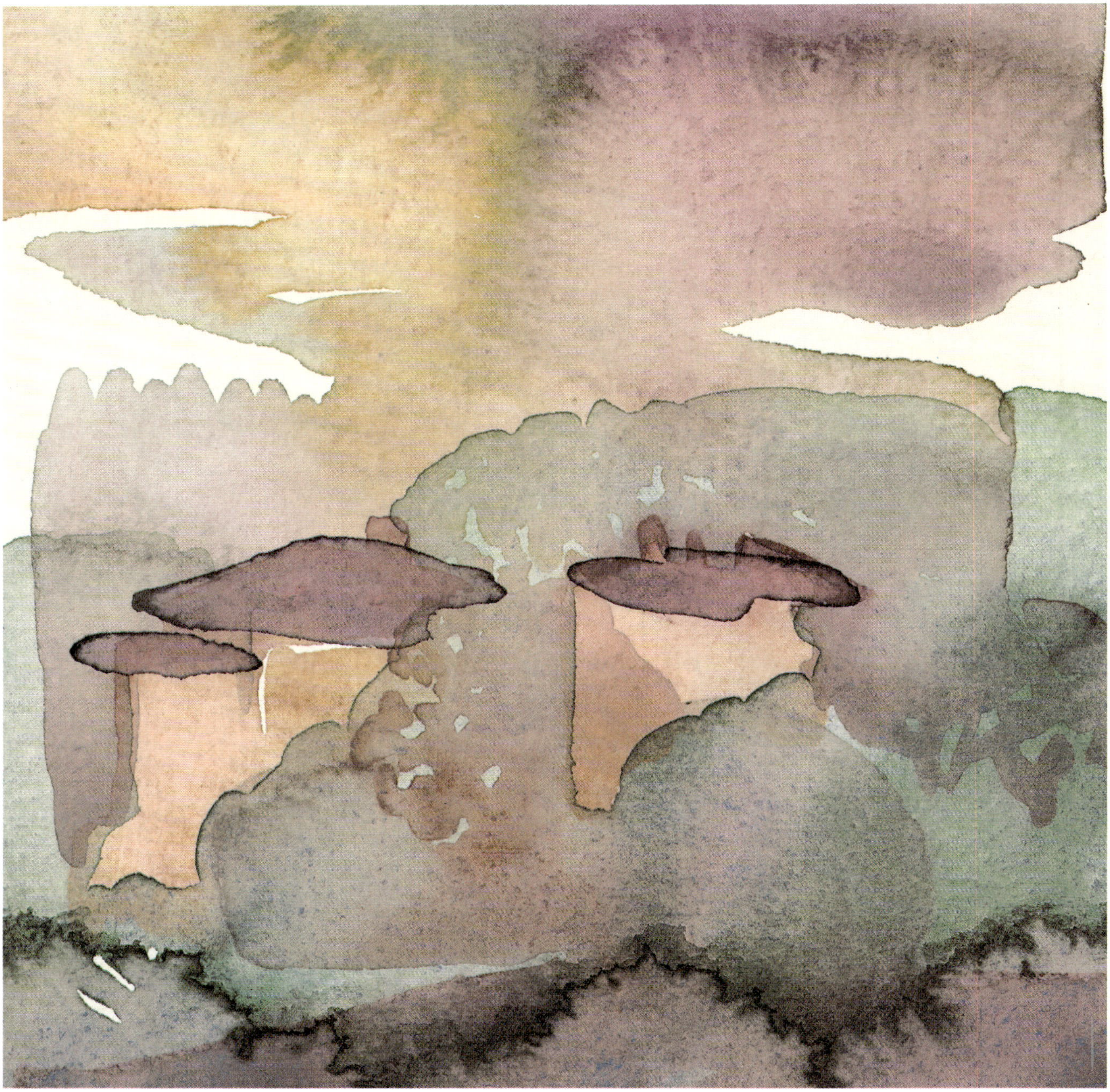

An den nächsten beiden Beispielen können Sie besonders gut den schon bekannten Grundsatz verfolgen: Weniger ist oft mehr. Reduzieren Sie Formen auf ein Minimum, greifen Sie das Typische heraus. Gerade bei einem so komplizierten Motiv wie einer Landschaft geraten Sie sonst schnell in Schwierigkeiten. Die obere Abbildung wirkt besonders großzügig, da ich sehr flächig gearbeitet habe. Das Dorf wurde auf drei Häuser reduziert, die als klare Farbflächen in der linken Bildfläche stehen. Der Schichtauftrag in Teilen des Vordergrundes ergibt die nötige Raumtiefe. Als Farben habe ich für die Häuser ein Ocker, für die Dächer ein Hellrot und ein Grün für die Landschaft gewählt. Alle drei Farben wiederholen sich in verschiedenen Mischungen an unterschiedlichen Stellen der Bildkomposition, so daß ein harmonischer Gesamteindruck entstehen konnte.

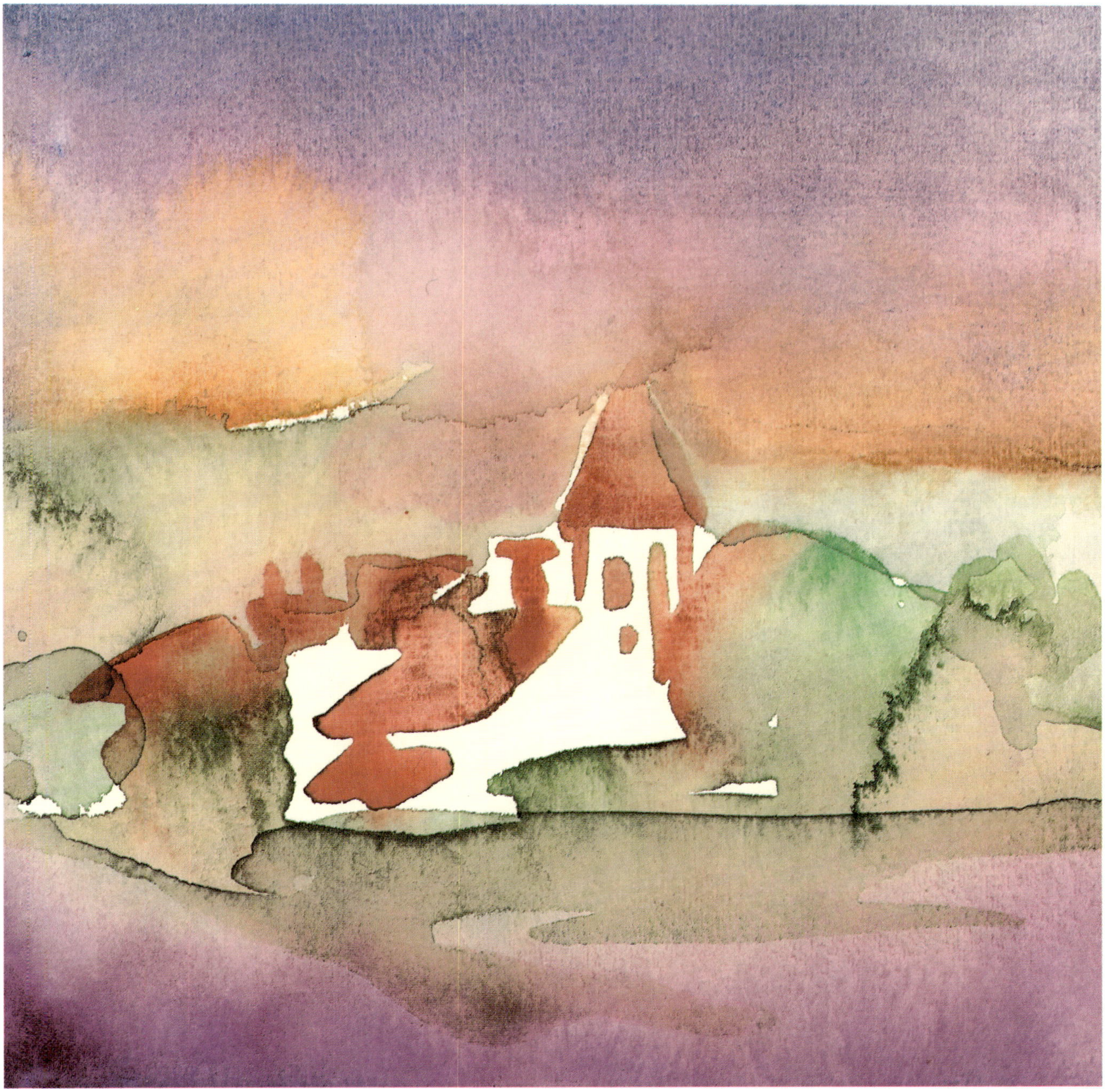

Auch dieses kleine Aquarell wirkt durch seine freizügige Malweise und durch seine ungewöhnliche Farbkomposition. Besonders auffallend sind die flächig vermalten leuchtenden Violettöne im Vordergrund. Sie wiederholen sich, etwas gedämpft, im lavierenden Farbauftrag des Himmels, den ich von Ocker über Violett zu Blauviolett entwickelt habe. Häusergruppe und Kirche in der Bildmitte wurden auf die Darstellung von Dächern reduziert. Die Form der Gebäude entsteht durch weiße Aussparungen. Ebenso beschränkt sich die Wiedergabe der Baumgruppe auf angedeutete Formen.

Hier können Sie noch einmal Schritt für Schritt verfolgen, wie eine kleine Landschaft entsteht.

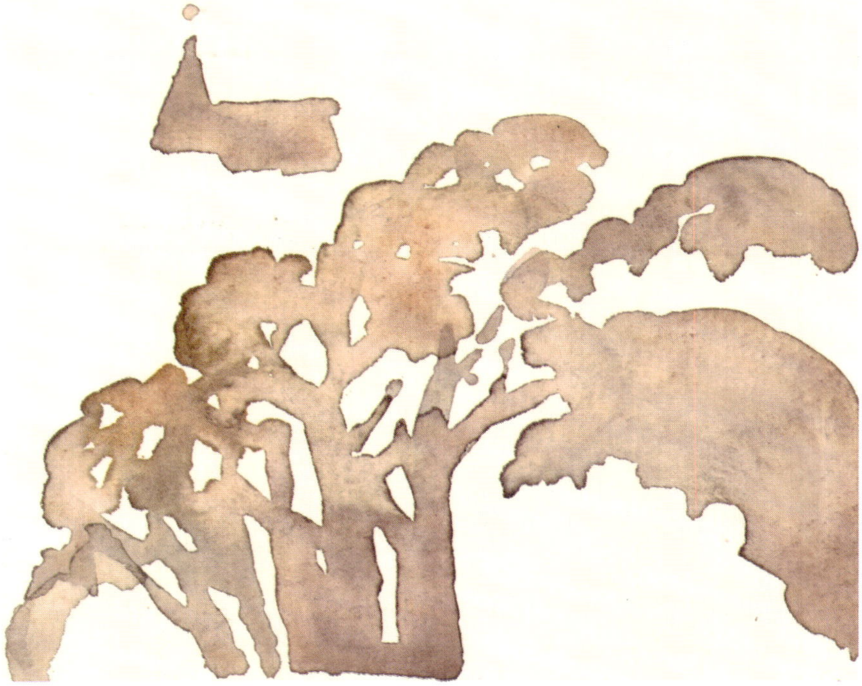

Schritt 1. Im ersten Malschritt habe ich die Baumgruppe im Vordergrund der Bildfläche asymmetrisch komponiert. Weiße Aussparungen zwischen den Brauntönen geben dem Baum Struktur. Im mittleren Bildbereich wird das Dach der Kirche als kleine Farbfläche angedeutet. Dabei legt die Größenrelation zwischen der recht großen Baumgruppe und dem relativ kleinen Kirchendach die Perspektive und die Entfernung der Kirche fest.

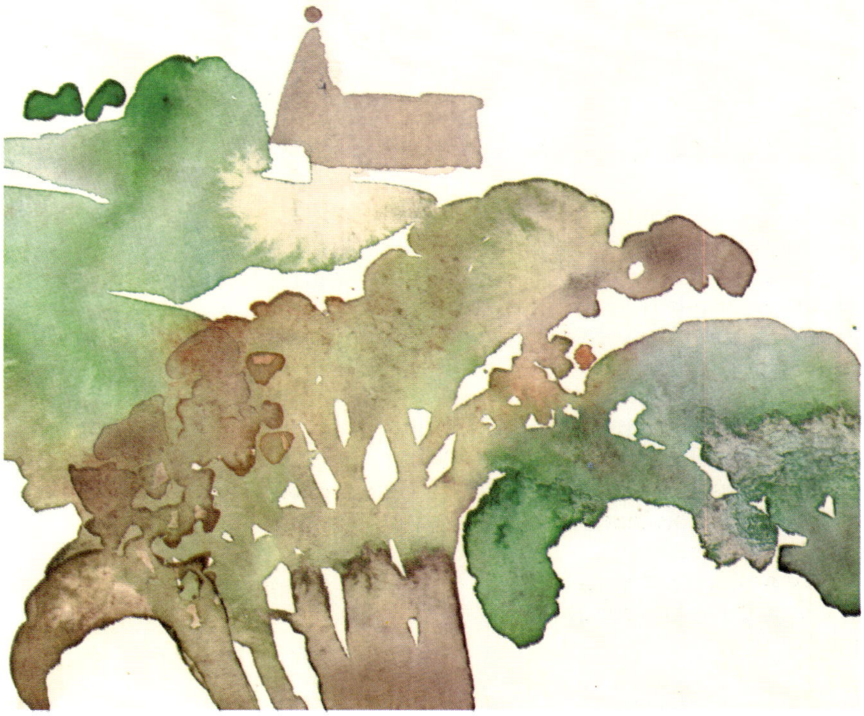

Schritt 2. Die Baumgruppe im Vordergrund ist nun mit Grün fülliger gestaltet und farblich intensiviert worden. In der Bildmitte links wurde aus verschiedenen Grüntönen flächig eine Landschaft angelegt. Kleine gesetzte Farbflecken deuten weit entfernt liegende Bäume an. Noch aber ist die Komposition offen für eine weitere Gestaltung.

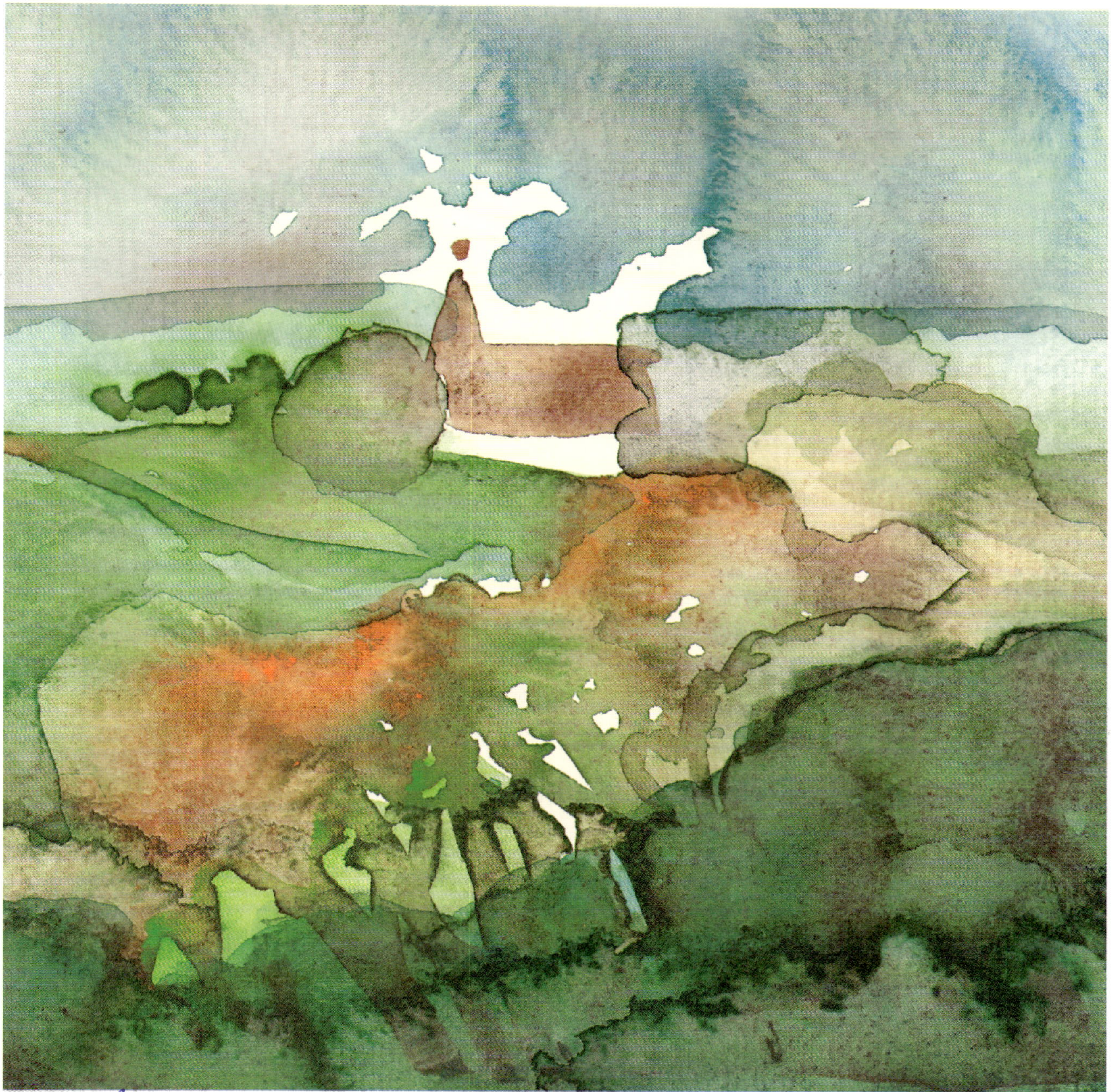

x gemalt

Schritt 3. Ich habe mich nun dem Himmel zugewandt und ihn sehr wäßrig vermalt. Das Ausblühen der Farben schafft Bewegung, die durch die weiß ausgesparte Wolke verstärkt wird. Im mittleren Bildbereich ist die Landschaft durch verschiedene Farblasuren fülliger gestaltet worden. Um Eintönigkeit zu vermeiden, wurden die Grüntöne durch Braun und Englischrot ergänzt.
Die Baum- und Buschgruppe im Vordergrund habe ich im Verwaschauftrag sehr naß gemalt. Wieder setzte ich dabei das Ausblühen der Farbe als Gestaltungsmittel ein, denn die Farbränder entsprechen der natürlichen Form der Büsche.
Nun ist das Bild fertig. Haben Sie nicht Lust, selbst ein ähnliches Bild zu versuchen?

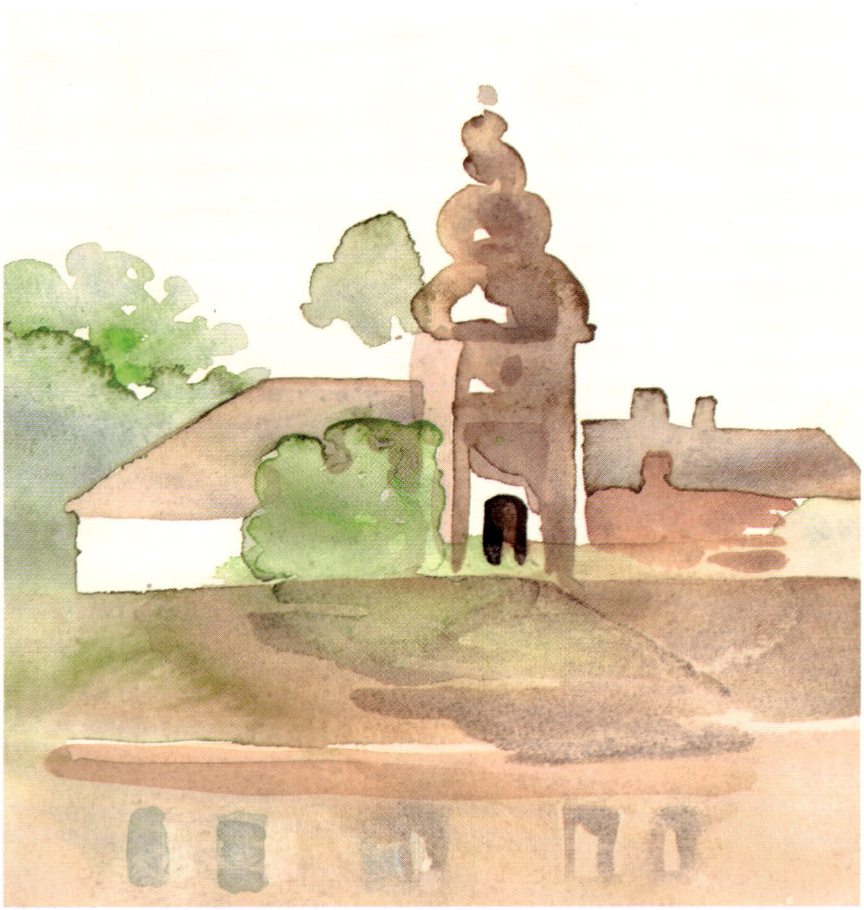

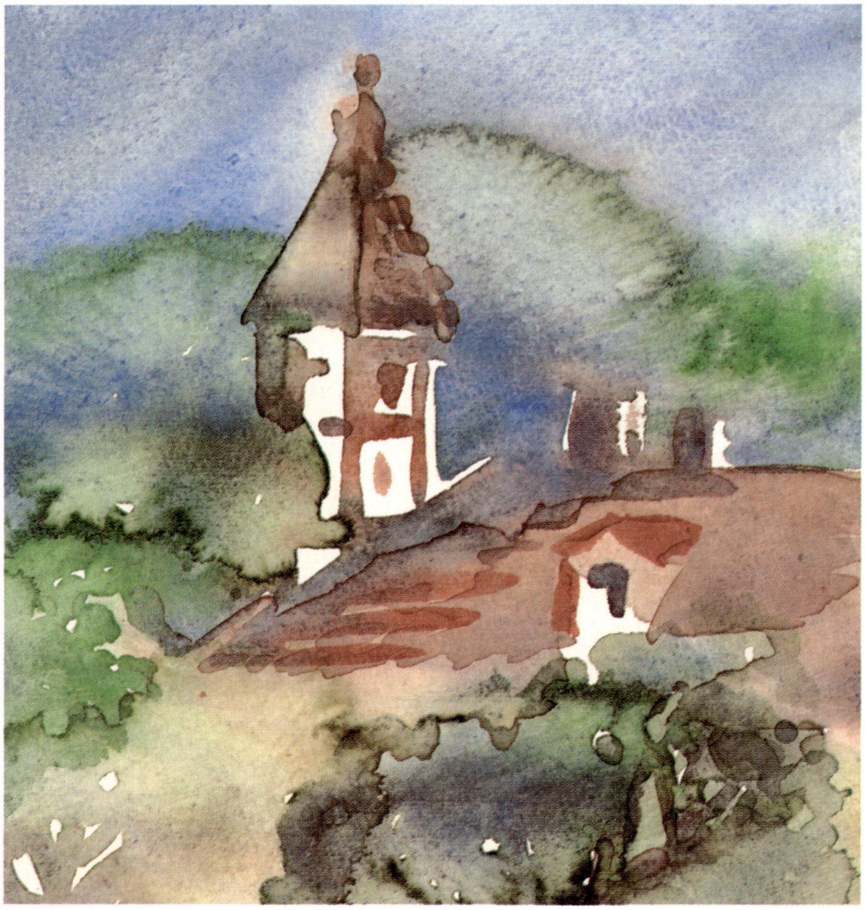

Abbildung links. Wenn Sie Gebäude oder Teile von Gebäuden (ein hübsches Motiv sind z. B. Dächer) aquarellieren, ist es sehr wichtig, auf den Bildaufbau zu achten.
In der rechten Abbildung können Sie erkennen, was ich damit meine: Sie sehen, daß die beiden Häuser genau horizontal hintereinander liegen, und ohne den Kontrast des vertikal aufragenden Kirchturms wäre ein recht langweiliges Bild entstanden. Ein hellgrüner Busch lockert die strengen Linien zusätzlich auf.

Abbildung unten. Auch hier habe ich die Komposition durch Bäume und Büsche im Vorder- und Hintergrund aufgelockert. In der Farbgebung habe ich nun allerdings intensivere Farben gewählt. Die Grüntöne der hinteren Bäume verbinden sich durch sehr wäßrigen Farbauftrag mit dem leuchtenden Blau des Himmels, die kräftigen Brauntöne fügen sich harmonisch in die farbliche Gesamtwirkung mit ein. Im Zentrum des Bildes steht der Kirchturm. Durch seine weiß ausgesparte Form steht er in stärkstem Kontrast zu den anderen Farben und fällt dem Betrachter dadurch besonders ins Auge.

Abbildung Seite 73 oben. Für das Aquarell „Kamin auf provençalischem Dach" habe ich zunächst eine kleine Bleistiftskizze angefertigt, um mir über den Bildaufbau klarzuwerden. Diese Vorgehensweise ist immer wieder sehr hilfreich, auf Details kann dabei verzichtet werden.

Abbildung Seite 73 unten. Obwohl ich als Motiv nur einen kleinen Teil des Daches herausgegriffen habe, wirkt das Aquarell abgerundet und vollständig. Das Beispiel soll Sie anregen, Ihren Blick für Ausschnitte zu schärfen und Ihnen Mut zu machen, aus einem Motiv ruhig nur den Teil herauszugreifen, der Ihnen besonders gut gefällt.
Wieder wurden die Farben Blau, Braun und Grün kombiniert; doch erneut ist eine ganze andere Wirkung erzielt worden. Die Struktur der Dachziegel wurde grafisch auf trockenes Papier gesetzt.

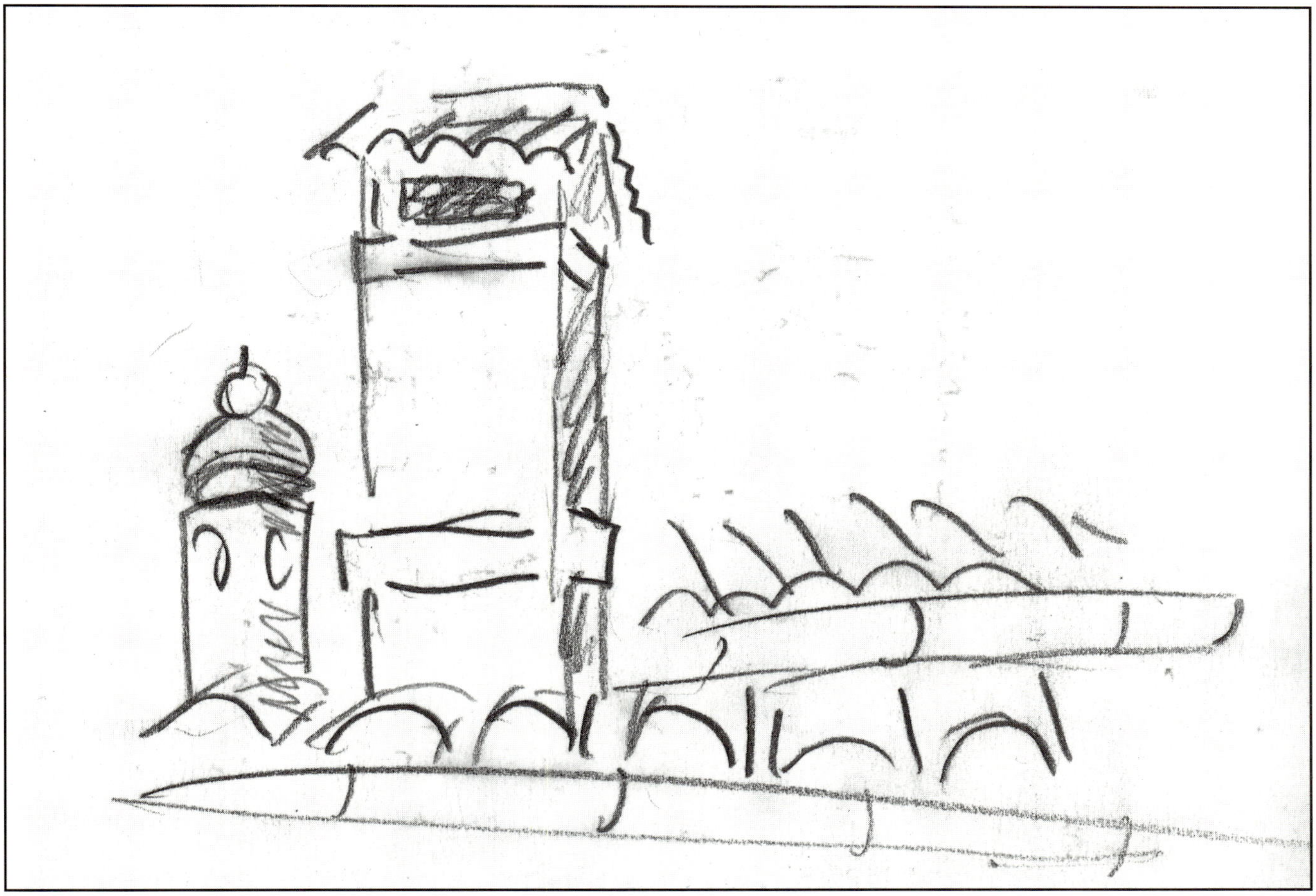

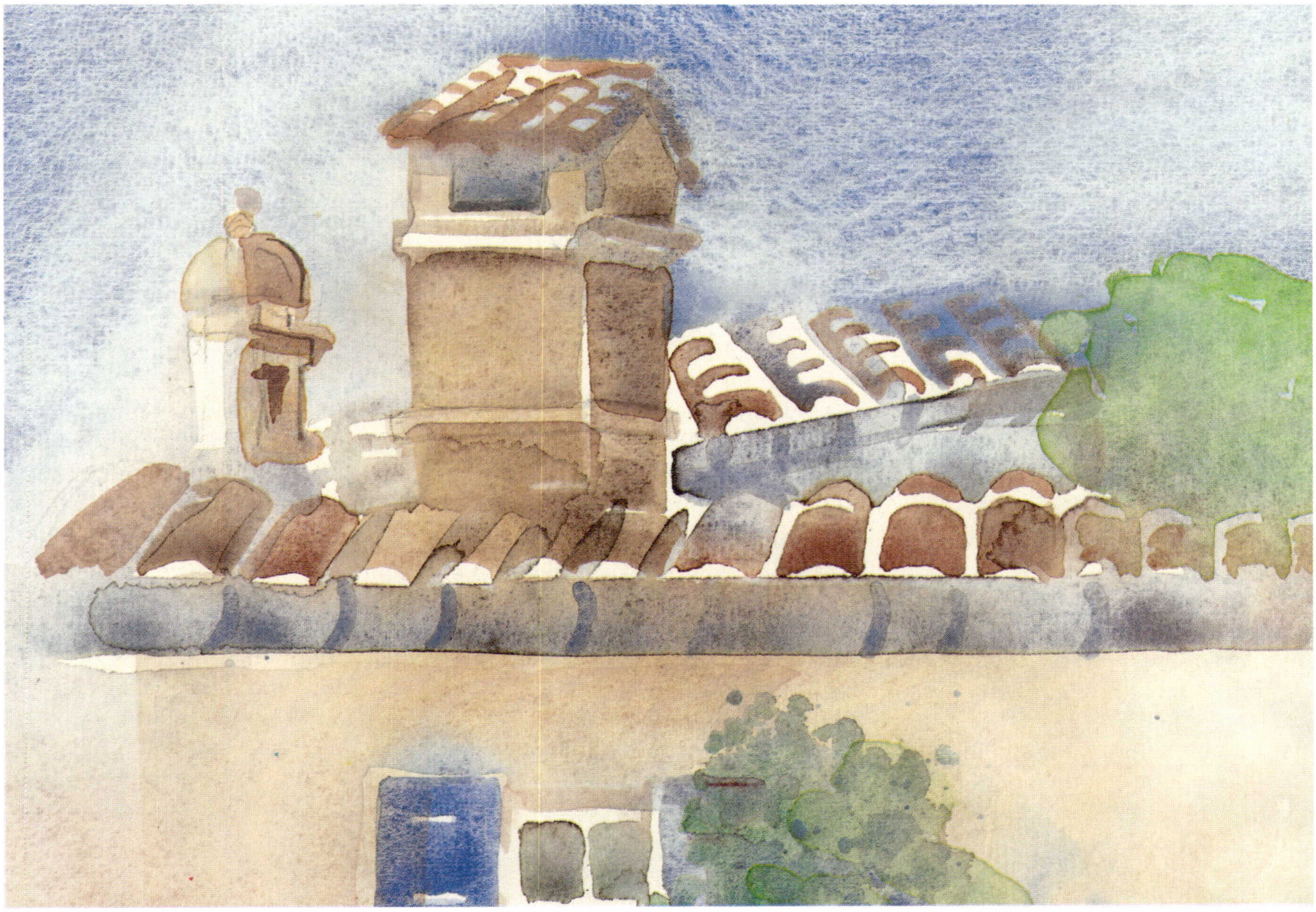

Es muß nicht immer eine Außenansicht sein. Auf den Abbildungen dieser Seiten sehen Sie zwei Zeichnungen, die in den Innenräumen einer gotischen und einer barocken Kirche entstanden sind. Der Innenraum einer Kirche ist - wie jeder verstehen wird - nicht unbedingt ein günstiger Ort, um zu aquarellieren. Eine Zeichnung dagegen kann ohne großen Materialaufwand angefertigt werden. Nach Hause zurückgekehrt, können Sie diese Zeichnung dann farbig gestalten, solange Eindrücke und Erinnerungen noch frisch sind.

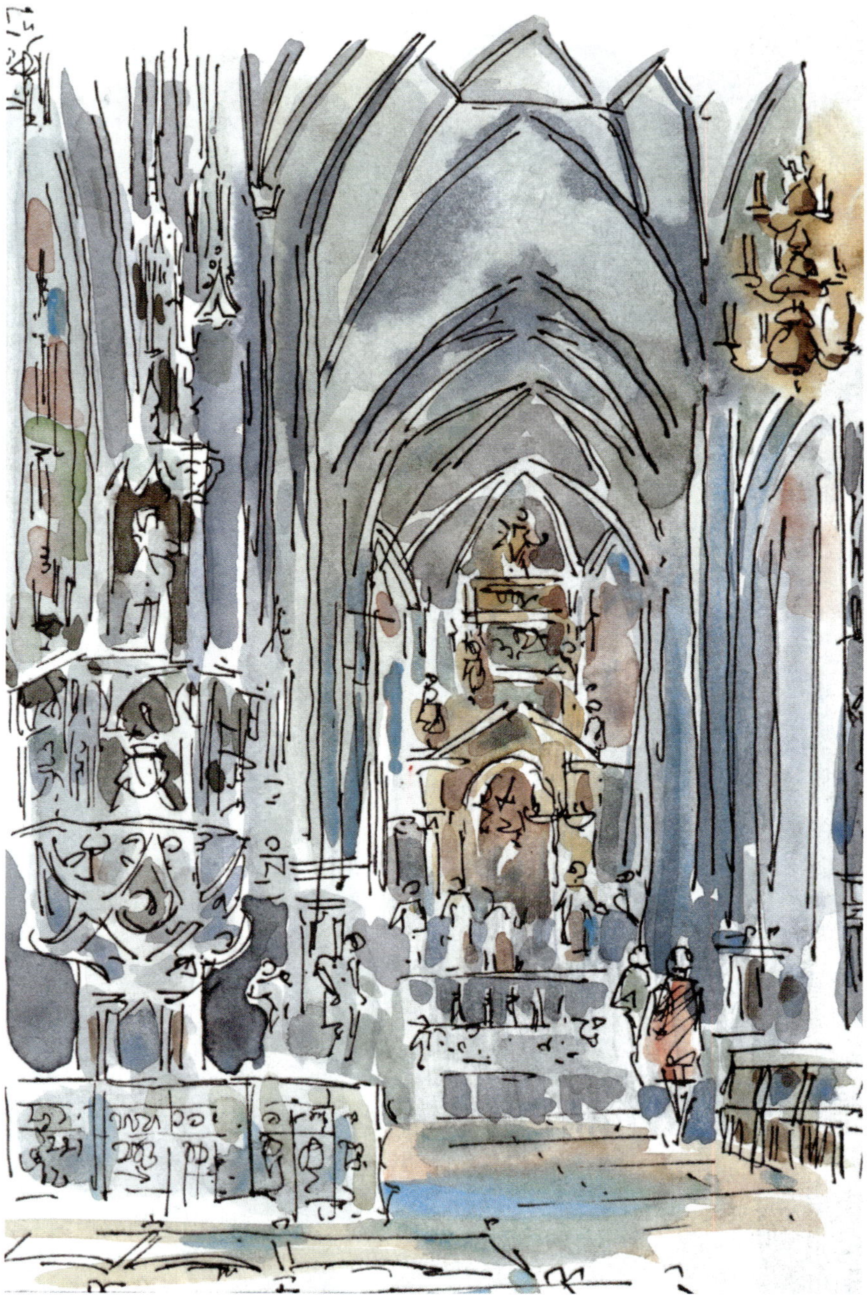

Das gotische Kirchenschiff (Richard Braun)
Hier hat der Maler das Kirchenschiff einer gotischen Kathedrale im Bild festgehalten. Die Spitzbögen sind mehrmals, immer kleiner werdend, hintereinandergesetzt. Dadurch entsteht Raumtiefe, und der Blick des Betrachters wird auf die Bildmitte, den Altar gelenkt. Ein weiterer wichtiger Akzent in der Komposition ist die feingliedrig gestaltete Plastik auf der linken Bildseite, zumal sie etwas größer gezeichnet wurde als der Altar. So besitzt das Aquarell eigentlich zwei „Zentren“. In der Farbgebung dominieren Blautöne. Die Plastik wird dabei durch viele weiße und graue Stellen etwas hervorgehoben, während der Altar durch Ockertöne betont wird.

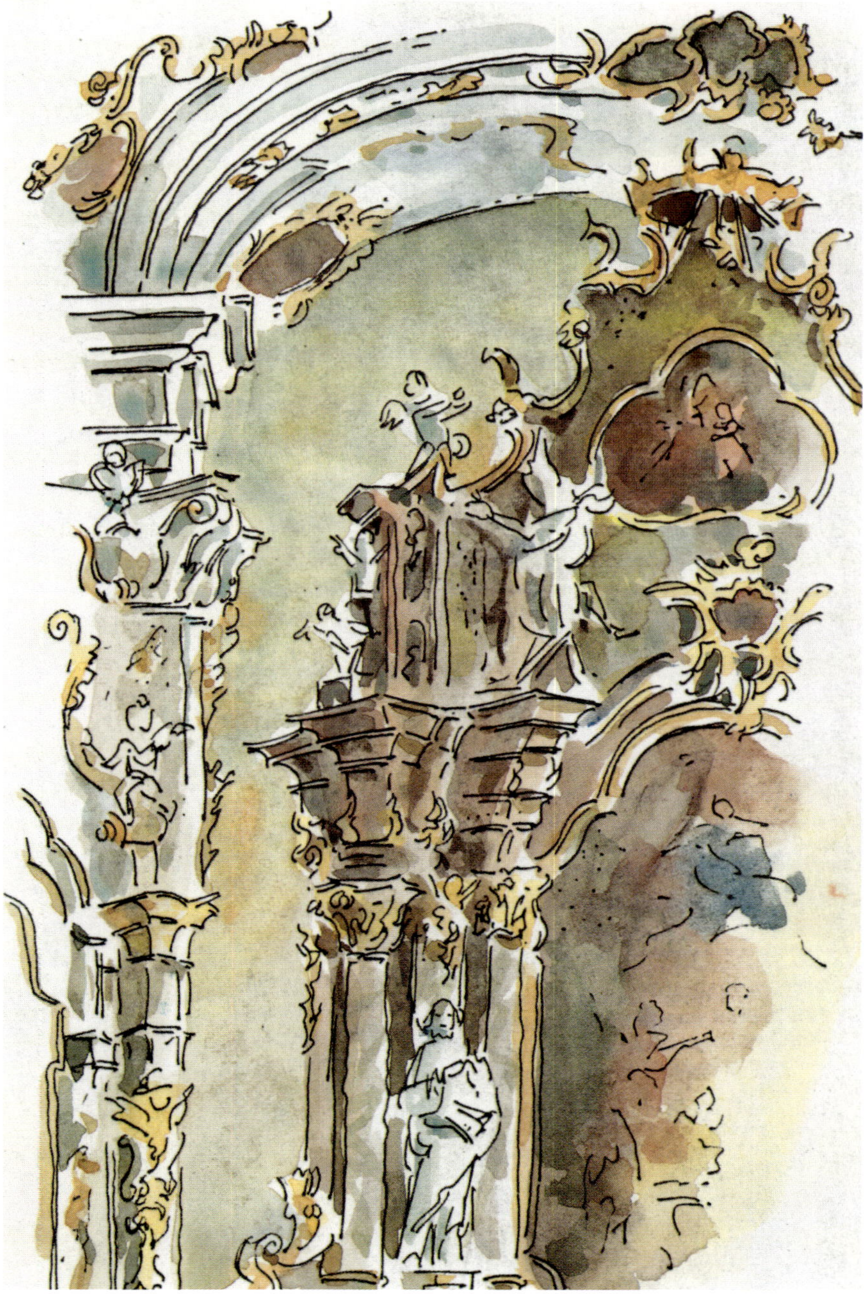

Der Barockaltar (Richard Braun)
Die Abbildung links zeigt Ihnen den kleinen Teil eines Barockaltars. Hier hat sich der Maler gegen eine Gesamtdarstellung des an sich sehr schönen Altars entschieden. Die linke Säule und der Rundbogen im oberen Bildteil scheinen den Altar einzurahmen, wodurch ein spannender Bildaufbau entsteht.
Sie sehen erneut, daß man originelle Bilder erhalten kann, wenn man nur einen Teil eines Gegenstandes als Motiv wählt.
Ein Tip: Dieser Weg ist auch ein gutes Hilfsmittel, wenn Ihnen ein Motiv zu groß für Ihr kleines Aquarell erscheint und Sie meinen, das Ganze nicht in einem Bild bewältigen zu können.
Im ersten Schritt wurde eine Zeichnung in Sepiatusche angelegt und diese später mit lasierendem Farbauftrag coloriert. In einer Barockkirche dominieren meistens die Farben Weiß und Gold. Sie werden aber den Farbton Gold in Ihrem Aquarellkasten nicht vorfinden.
Sie können statt dessen ein lichtes Ocker oder Goldocker, mit viel Wasser gemischt, verwenden.
Für dieses Bild wurden verschiedene Brauntöne (Siena, Englischrot, Umbra, gebrannt) und ein wenig Blau gewählt. Um Tiefenwirkung zu erzielen, wurde der Altar in kräftigen Farbtönen vor einem sehr hellen Hintergrund gemalt. Besondes schön: Die rechte und linke Bildseite sind nicht voll ausgemalt. Formen und Farben verlieren sich spielerisch, wie es dem Charakter des Barocks entspricht.

Die Stadt
Sicher haben auch Sie schon viele Städte gesehen und doch von jeder einen ganz anderen Eindruck gewonnen. Es lohnt sich, diese Eindrücke zu sammeln und zu aquarellieren. Wenn Sie sich allerdings das erste Mal an das Motiv „Stadt" wagen, lassen Sie sich nicht von den vielfältigen architektonischen Einzelheiten und den unterschiedlichen Formen entmutigen. Denken Sie zum einen daran, daß Sie mit dem Aquarell eine Stimmung einfangen wollen, und zum anderen an den Grundsatz, Formen zu reduzieren. Das bedeutet vor allem, eine großflächige und freizügige Malweise zu entwickeln.

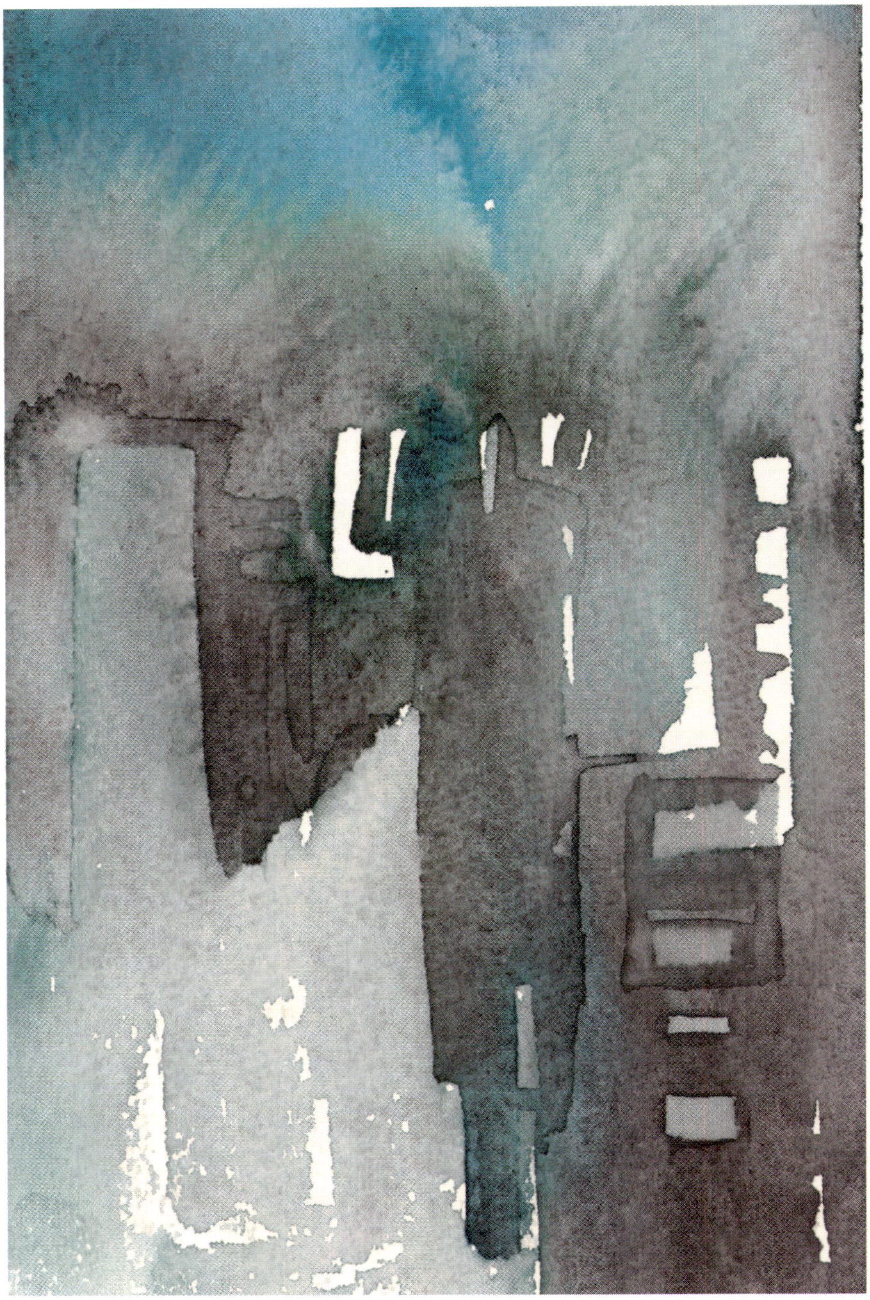

In diesem kleinen Aquarell bin ich sehr abstrakt geblieben. Ich muß jedoch gestehen, daß gerade diesem Bild, das in relativ schneller Malweise entstanden ist und so leicht und flüchtig wirkt, mehrere Aquarellstudien vorausgegangen sind. Ich habe darin mit Farben, Formen und Techniken experimentiert, um schließlich mein Thema genau in der jetzt abgebildeten Art und Weise wiedergeben zu können. Sie sehen also, auch „Profis" brauchen Zeit. Geben Sie nicht auf, wenn die ersten Versuche mißlingen, sondern geben Sie Ihrem Bild die Chance, sich zu entwickeln.

Hier wurde ohne Details gemalt. Dadurch gewinnen Farben und eingesetzte Techniken an Bedeutung für die Bildwirkung. Im unteren Bildteil habe ich sehr helles Grau auf trockenes Papier gesetzt. Zum einen ergibt dies einen Kontrast zu den übrigen, recht dunklen Farben, zum anderen kommt die Körnung des Aquarellpapiers gut zur Geltung. Der Himmel wurde dagegen in sehr wäßrigem Farbauftrag gestaltet. Im mittleren Bildteil sind durch harte Farbränder und weiß ausgesparte Stellen die strengen Formen der Stadtarchitektur wiedergegeben.

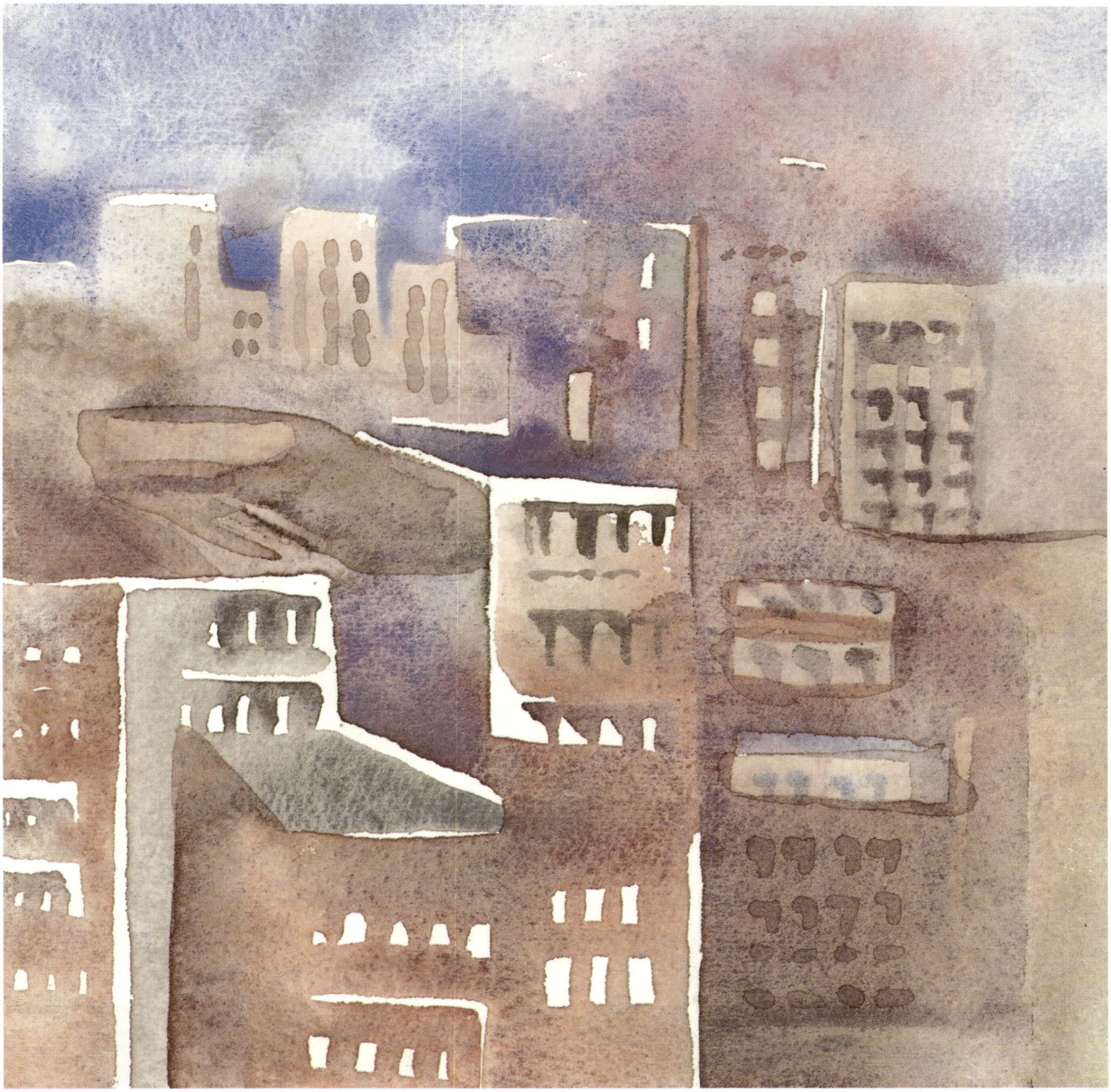

Hochhäuser
Hier habe ich meinen Eindruck einer Hochhaussiedlung festgehalten und dabei versucht, die Eintönigkeit und Stumpfheit, das Grau-in-Grau, das solche Siedlungen leider meist vermitteln, in meiner Farbauswahl auszudrücken. Die Häuser sind darum in einheitlichen Brauntönen (einer Mischung von Englischrot und Umbra, gebrannt) und ein wenig Grau gestaltet worden. Weiß ausgesparte Linien heben die einzelnen Häuser voneinander ab, und kleine weiße Rechtecke deuten die Fenster an. Die Symmetrie der Fassaden unterstützt dabei die Monotonie der Bildaussage. Eine kleine Auflockerung in Farbe und Form stellen das wäßrig vermalte Rot (Karminrot oder Krapplack) und Blau im oberen Bildteil dar.

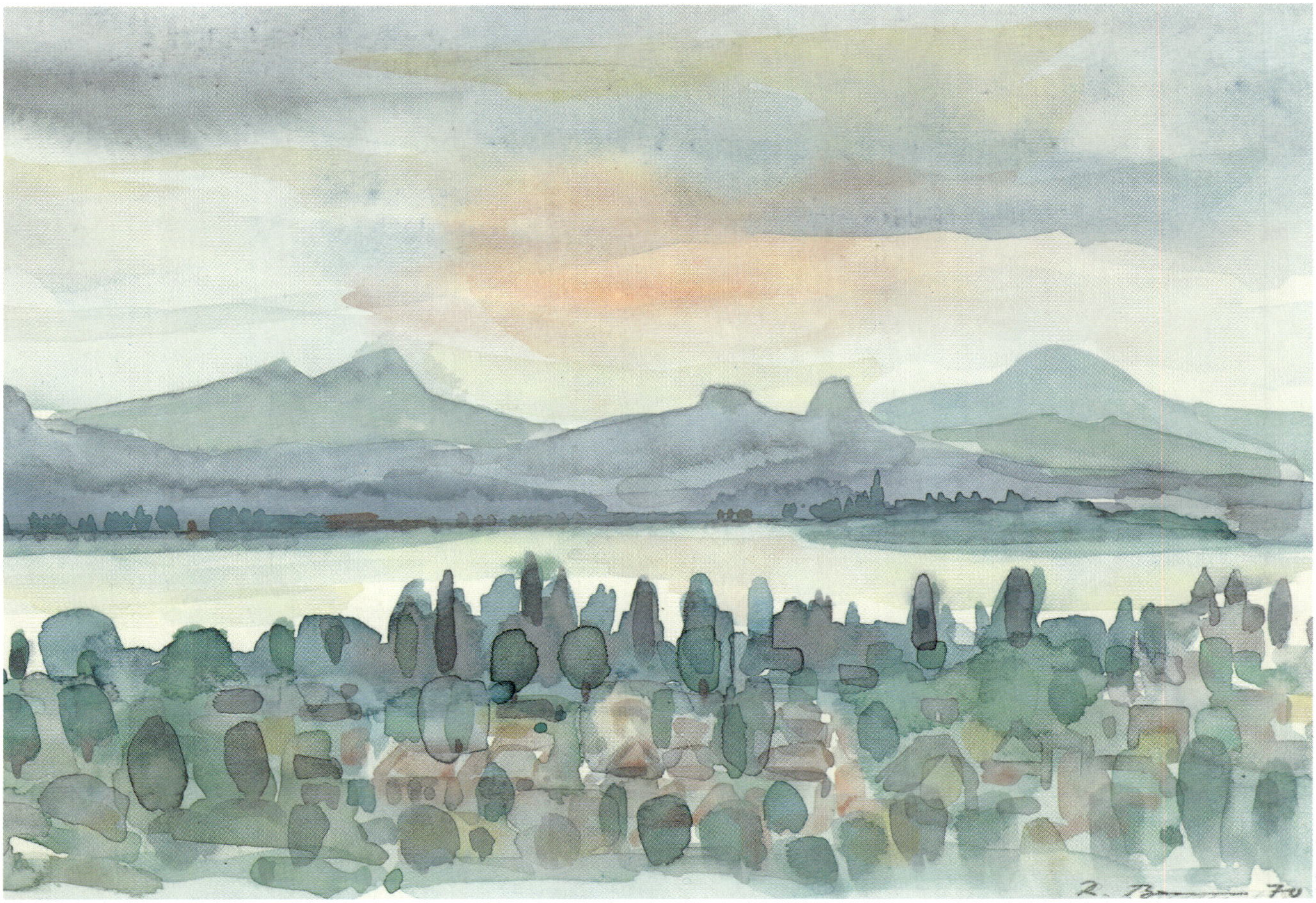

Abendstimmung am See (Richard Braun)
Versuchen Sie doch noch einmal, Ihre Erfahrungen, die Sie mit dem Aquarellieren von Landschaften und Städten gewonnen haben, in einem Motiv zu verbinden. Wie z. B. auf dem Bild mit der Stadt am Seeufer. Die Stadt ist durch kleine Flächen, in dichter Anordnung schichtweise übereinandergesetzt, entstanden. Um die idyllische ruhige Abendstimmung wiederzugeben, wurden helle, sanfte Farbtöne eingesetzt. Zudem wiederholen sich alle Farben an verschiedenen Stellen des Bildes. Sie können dies sehr gut nachvollziehen, wenn Sie die einzelnen Bildteile in Ruhe betrachten. Zunächst der Himmel: In ihm sind ganz verschiedene Farben vermalt. Ein rötliches Orange und ein Streifen Gelb deuten das kommende Abendrot an. Davor erhebt sich die dunkle blau-grüne Silhouette der Bergkette, in der sich verschiedene Bergformen vorteilhaft verbinden. Der See ist dagegen wieder in einem sehr hellen Farbton lasiert, der auch für den unteren Teil des Himmels verwendet wurde. Die Stadt schließlich rundet die innere Harmonie des Bildes ab. Im oberen Teil wiederholen sich vor allem die Blau- und Grüntöne der Berge. Am unteren Bildrand dominieren dann mehr und mehr die helleren Farben des Himmels.

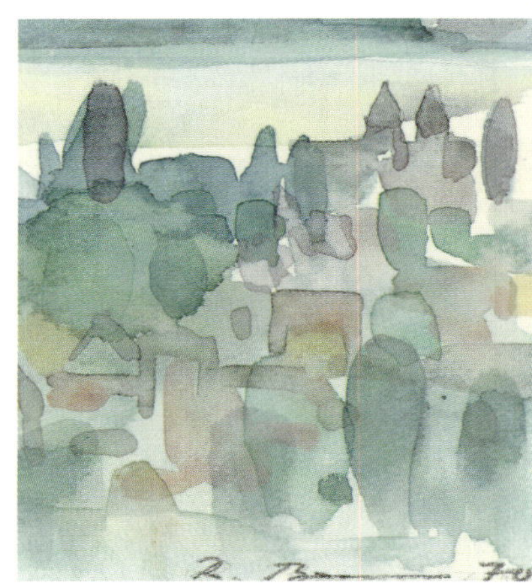

Hier habe ich für Sie noch einmal einen kleinen Ausschnitt der Stadt herausgegriffen. Sie können die zartfarbigen Lasuren, die übereinandergesetzt wurden, und die flächige Malweise gut erkennen. Im unteren Bereich des Bildes ist die Farbe dann mit viel Wasser laviert worden.

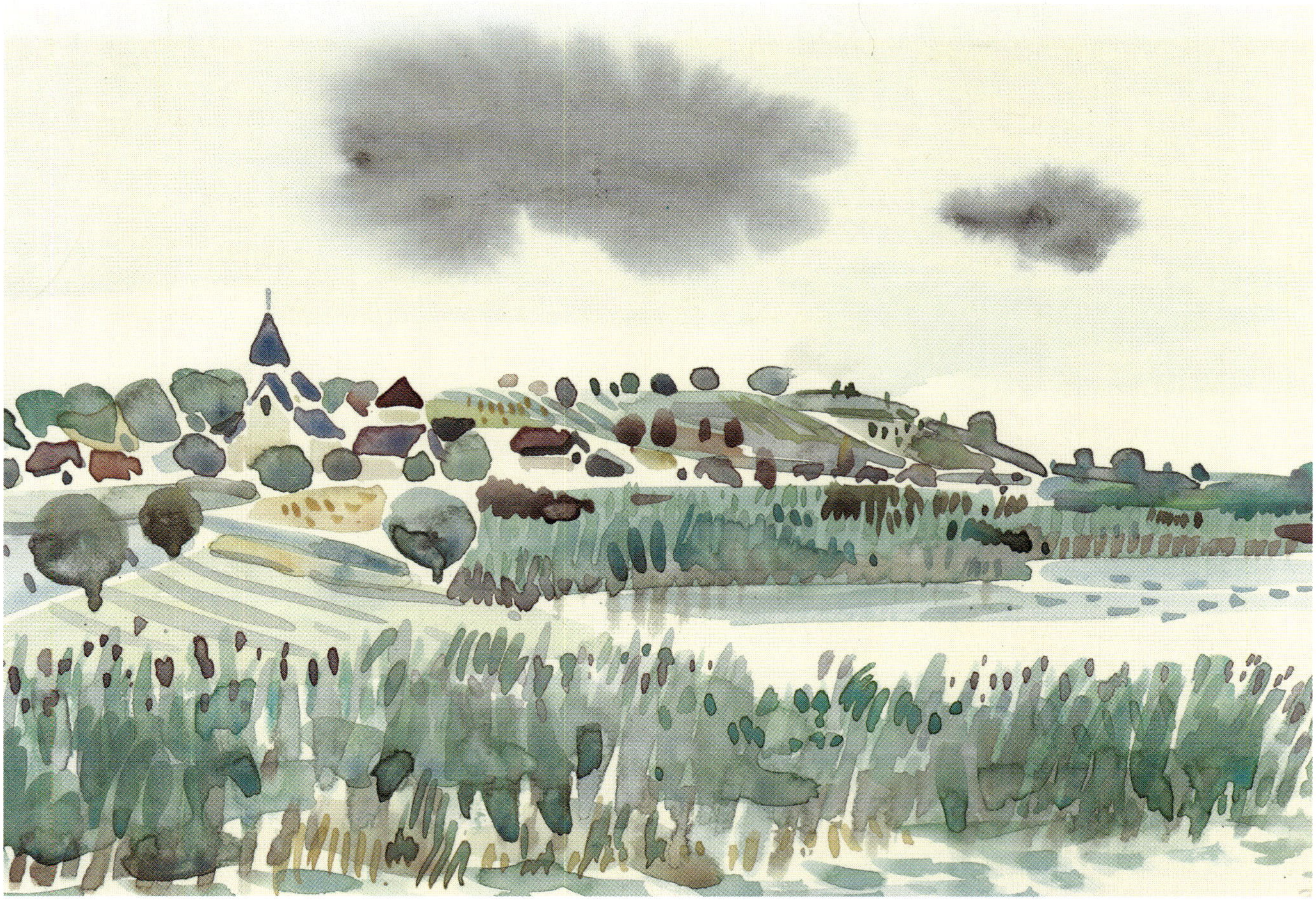

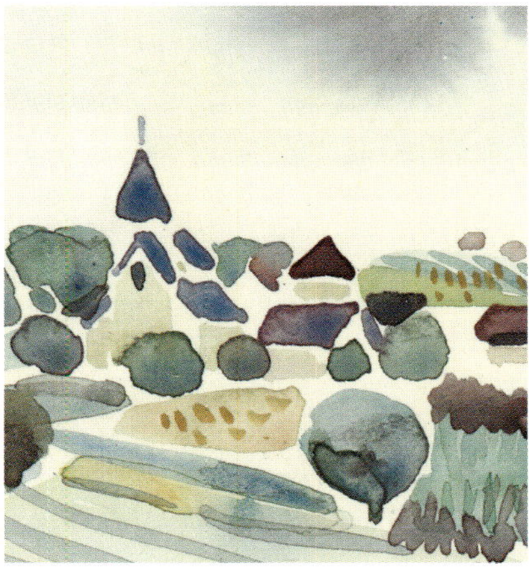

An diesem Ausschnitt können Sie die großzügige Gestaltung des kleinen Aquarells noch deutlicher erkennen. Ganz gezielt wurden farbige Flächen gesetzt, einige Farblasuren darübergemalt und viel Weiß ausgespart. So ist z. B. der Himmel, außer den Wolken, völlig unbemalt.

Das kleine Dorf (Richard Braun)
Hier eine ganz andere Variation desselben Themas. Es wurde mit viel ausgespartem Weiß gearbeitet, das Bild wirkt hell und sommerlich. Mit blaugrünen Farbtönen ist der Vordergrund in Form von Gräsern horizontal gestaltet. Der See wurde lediglich durch Spiegelungen mit ein paar Pinselstrichen in hellem Blau angedeutet. Dorf und Landschaft bestehen wiederum nur aus kleinen Farbflächen, die auf trockenen Malgrund gesetzt wurden und dadurch eine grafische Wirkung erhalten. Nur die zwei blau-grauen Wolken sind auf nassem Papier gemalt und erscheinen deshalb duftig weich.

Eine bunte Palette.

Der Schlüssel zur künstlerischen Gestaltung.

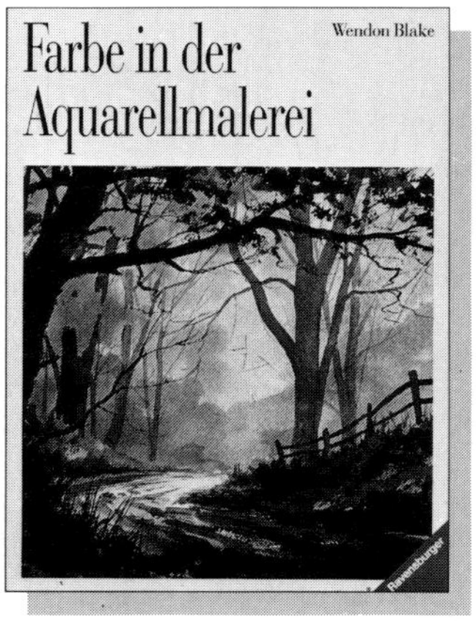

Wendon Blake
Farbe in der Aquarellmalerei
Welche unterschiedlichen Wirkungen durch einen bewußten Umgang mit Farbe erzielt werden können, wird an Bildern des Malers Ferdinand Petrie deutlich gemacht.
ISBN 3-473-**48219**-6

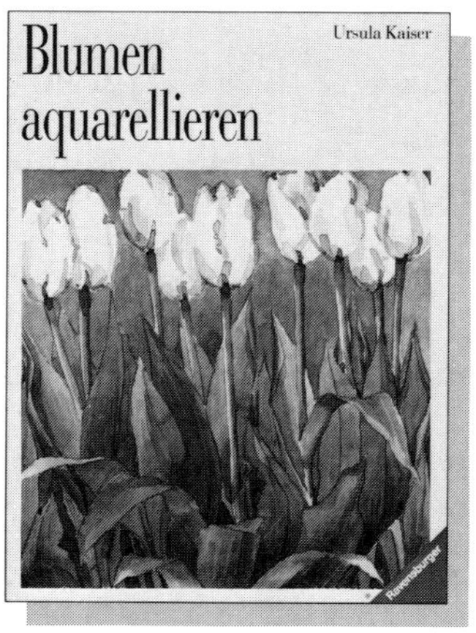

Ursula Kaiser
Blumen aquarellieren
Gründliche Einführung in ein klassisches Thema mit zahlreichen Variationen. Anregungen zu Experimenten erschließen reizvolle neue Möglichkeiten.
ISBN 3-473-**48238**-2

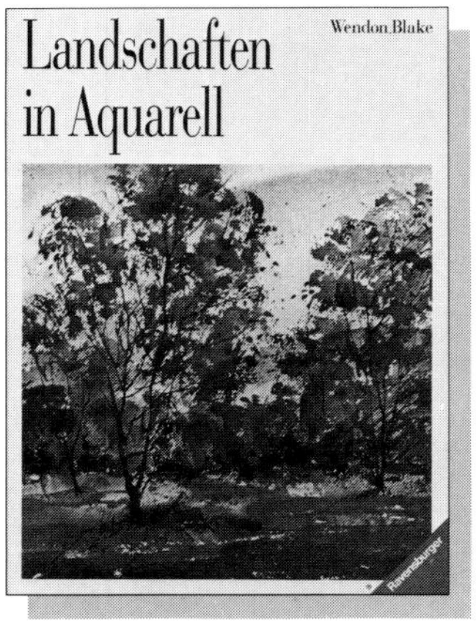

Wendon Blake
Landschaften in Aquarell
Der Autor baut auf dem „Grundkurs" auf und zeigt an zehn typischen Motiven, wie Licht, Perspektive und verschiedene Landschaftselemente gestaltet werden.
ISBN 3-473-**48203**-X

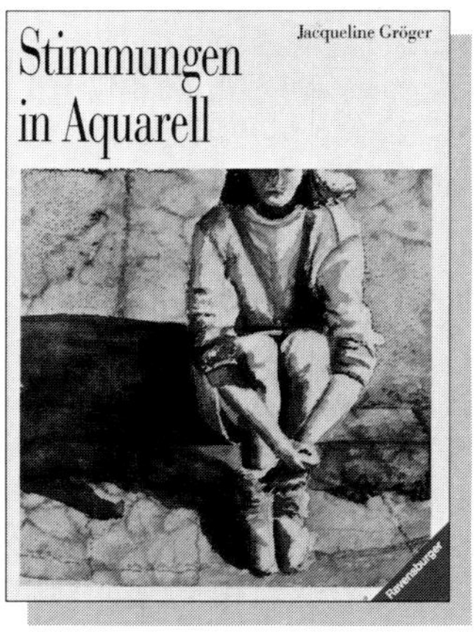

Jacqueline Gröger
Stimmungen in Aquarell
Das Buch erklärt, mit welchen technischen und kompositorischen Mitteln Stimmungen im Bild ausgedrückt werden können.
ISBN 3-473-**48249**-8

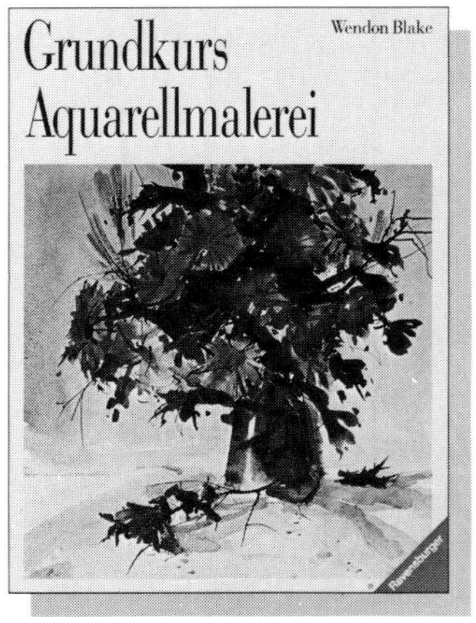

Wendon Blake
Grundkurs Aquarellmalerei
An zwölf Bildern kann der Leser Schritt für Schritt verfolgen, wie Blumenarrangements, Porträts oder Landschaften zu malen sind.
ISBN 3-473-**48202**-1

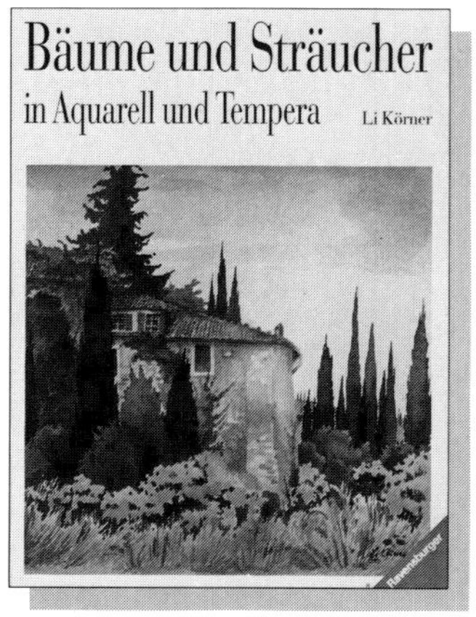

Li Körner
Bäume und Sträucher in Aquarell und Tempera
Bäume und Sträucher aus verschiedenen Landschaften und zu allen Jahreszeiten. Nützliche Anregungen und Anleitungen für jeden Landschaftsmaler.
ISBN 3-473-**48237**-4

® Ravensburger